Frank Tippelt | Willibald A. Bernert

Kneipen, Kult und Kakerlaken

Ein Zug durch die Bielefelder Altstadtlokale von damals

Wartberg Verlag

Bildnachweis:

Umschlag:
Renate Winkler (vorne o.), Alfred Bültermann (vorne u.), Willibald A. Bernert (vorne u. r.), Petra Maler (hinten o.)

Innenteil:
Bielefeld Marketing: S. 4;
Peter Wolff: S. 7 o. l.;
Thomas Fehr: S. 7 o./u. r., 8, 9 o.;
Willibald A. Bernert: S. 9 u., 13, 14, 28, 37 M. r., 38, 39 o., 43, 69 o., 85 u., 87, 95;
Thea Deppe: S. 10, 11, 12, 45 u.;
Alfred Bültermann: S. 15, 16 o., 17, 26 u. l., 84),
Frank Tippelt: S. 16 u.;
Hans-Ulrich Schmidt: S. 18, 19 r., 20, 25 u., 26 r., 31 u., 65 u., 76 u., 83;
Dieter Flaßbeck: S. 19 l.;
Westfalen-Blatt: S. 21, 22/23 u., 25 o., 34 u., 58, 62 u., 67 u., 74/75 u., 77 o.;
Bruno Heyne: S. 22, 89 u.;
Ina Husmann: S. 23 o., 24;
Hardy Schneider: S. 27, 30 o., 40 r.;
Renate Winkler: S. 30 M./u., 31 o., 51 u., 81;
Barbara Woge: S. 32 o., 53 u.;
Doris Rogatty: S. 32 u., 36, 37 o. r., 73 u.;
Dirk Reckendorf: S. 33;
Rüdiger Herfurth: S. 34 o., 50 o., 91 l., 92 o.;
Annette Schulz: S. 37 o., 41 u., 53 o.;
Petra Maler: S. 37 u. l., 49, 50 u., 51 o., 52 u., 61 M. r., 66;
Rolf Gieselmann: S. 39 gr., 42;
Karl Richter: S. 40 l., 41 o., 44 u.;
Peter Christian Nippel: S. 44 o.;
Klaus Kammler: S. 45 o.;
Rainer Sobotta: S. 46;
Gabi Gerke: S. 47;
Wilfried E. Staemmler: S. 48;
Michael Volke: S. 52 o.;
Martin Stiller: S. 55 o. l./r.;
Rainer Jäschke: S. 55 u., 56 u., 85 o. r.;
Rolf-Martin Kolenda: S. 56 o.;
Gerhard Bürger: S. 59;
Klaus Holzberg: S. 61 o./u., 74 o., 82, 93;
Willi Teuber: S. 60;
Ulli Wegener: S. 62 o. l.;
Dieter Mick Perl: S. 62 o. r.;
Michael Grahl: S. 63, 64, 79;
privat: S. 65 o.;
Peter Hülsewede: S. 67 o.;
Gerd Kühnl: S. 68 r., 69 u.;
Uwe Fastabend: S. 68 l.;
Jonny Henrich: S. 70, 71, 72;
Bernd Seifert: S. 75 r., 76 o.;
Ellen Rodriguez: S. 77 u., 78;
Vassilios Christodoulou: S. 85 o. l.;
Jochen Hartmann: S. 86;
Anne Westermann: S. 88, 89 o.;
Achim Bauerkämper: S. 90;
Stadtarchiv Bielefeld: S. 91 r.;
Tilo Beier: S. 92 u.;
Heinz-Georg Winter: S. 94.

Umschlagbilder
Vorderseite: Götz Alsmann im *Meddos* (oben), die *Insel Helgoland* (unten), die *Olle Pumpe* (kleines Bild).
Rückseite: Lothar Buttkus serviert im *Dixi* das Beste aus den Charts, Petra Maler die Getränke.

2. Auflage 2022

Layout und Satz: Christiane Zay, Potsdam
Druck: Druck- und Verlagshaus Thiele & Schwarz GmbH, Kassel
Buchbinderische Verarbeitung: Buchbinderei S. R. Büge, Celle

34281 Gudensberg-Gleichen, Im Wiesental 1
Telefon: 0 56 03-9 30 50
www.wartberg-verlag.de
ISBN 978-3-8313-3243-4

Inhalt

Vorwort

Hans-Rudolf Holtkamp, Jg. 1947, hat von 1973 bis 2014 am Profil unserer Stadt gefeilt: als Verkehrsdirektor des Verkehrsvereins, als Geschäftsführer der Bielefeld Marketing GmbH und als Geschäftsführer der Stadthallenbetriebs GmbH. Unter anderem gehen Veranstaltungen wie der Leineweber-Markt, der Weihnachtsmarkt, das Sparrenburgfest und die „Nachtansichten – die lange Nacht der Museen" auf seine Initiative zurück.

Was für eine Zeit! Die Stadt lebt! Nachts zwischen zwei und drei: Riesenstimmung im Hufeisen. Das Herzstück der Stadt pulsiert, die Region trifft sich in der Bielefelder Altstadt. Zwischen *Dixi* und *Gesellschaftshaus*, zwischen *Westernsaloon* und *Old Crow*, zwischen *Meddos* und *Bach 17* erwartungsvolles Flanieren.

Und dann: rappelvoll die Kneipen und Clubs jener Zeit. Der Rauch ist dicht und die Gesichter bekannt. Die Erinnerung lebt: den Sound jener Jahre im Ohr und den Geschmack des Bieres auf der Zunge. Das Treffen mit Freunden oder die Hoffnung auf diese eine Begegnung, die das Leben verändern kann. Kultige Typen vor und hinter der Theke, am Mischpult und manchmal sogar schon an der Tür. Sie haben eine Ära geprägt, die Bielefelder Altstadt und ihre Gastronomie, der Szene-Treff für eine ganze Generation.

So mancher wird uns in diesem Buch wiederbegegnen, vielleicht auch ein Stück sich selbst, auf dieser Reise durch die 60er- bis 90er-Jahre. Wir werden uns erinnern, schmunzeln.

Was für eine Zeit! Wir haben dazu gehört. Und dieses Buch weckt Erinnerungen. Unvergessliche. Schöne. Und nicht zu wiederholen.

Ihr Hans-Rudolf Holtkamp

Ein Wort vorab

Was wäre die Altstadt ohne ihre kultigen Wirte? Schorse Winter, Renate und Ari Schneider, Karl Richter, Bello Volmert, Margret Wächter, Kurt Fehr – die Liste ließe sich beliebig fortsetzen. Viele, sehr viele Gastronomen haben hier ihr Tag- und Nachtwerk verrichtet und damit die Bielefelder glücklich gemacht.

Von ihnen handelt dieses Buch, das bei Ihnen, verehrte Leserin, lieber Leser, Erinnerungen wecken möchte an schöne Stunden in den Lokalen rund ums Hufeisen. Begleiten Sie uns auf unseren Spaziergängen in eine Zeit, in der Computer nur was für Eingeweihte waren und Handys so riesig, dass sie den halben Kofferaum füllten – kommen Sie mit auf eine Kneipentour in die Vergangenheit!

Und sollte Ihnen beim Lesen gelegentlich der Name Olly unterkommen, so ist kein fiktiver Dritter im Bunde. Olly ist der fleißige und unermüdliche Willibald A. Bernert, ein jahrzehntelanger Kenner der Bielefelder Szene, ohne den dieses Buch nicht zustandegekommen wäre.

Und auch viele Bielefelderinnen und Bielefelder haben uns mit vollem Einsatz unterstützt.

Unser herzlicher Dank gilt all denen, die an diesem Buch mitgewirkt haben:
Brigitte Althoff, Achim Bauerkämper, Tilo Beier, Jette Bele-Gerke, Christiane Bernert, Brigitte Beutling, Jürgen Blume, Alfred Bültermann, Armin Burgmann, Vassilios Christodoulou, Marion und Peter Czypull, Beatrix und Manfred Deppe, Michael Diekmann, Stephan Ellermann, Bob Engelbrecht, Uwe Fastabend, Thomas Fehr, Dieter Flaßbeck, Peter Fortmann, Dierk Fuhrmann, Gabi Gerke, Rolf Gieselmann, Harry und Martina Görlitz, Michael Grahl, Jochen Hartmann, Frank Heck, Jonny Henrich, Rüdiger Herfurth, Bruno Heyne, Bernd Hillebrand, Hans-Rudolf Holtkamp, Klaus Holzberg, Peter Hülsewede, Ina Husmann, Rainer Ingenfeld, Rainer Jäschke, Klaus Kammler, Rolf-Martin Kolenda, Susanne Kracker, Gerd Kühnl, Jutta Küster, Michael Lamass, Axel Landwehr, Wolfgang Lohmeier, Udo Lummer, Petra Maler, Ursula Männich-Polenz, Rüdiger Meyer, Uwe Modest, Ulli Muhl, Iris Nahrstedt, Peter Christian Nippel, Andreas Oehme, Jutta Oppermann, Osman Pasic, Dieter Perl, Manfred Pott, Dirk Reckendorf, Heinz Reischl, Karl Richter, Stefan Rinne, Edgar Rischmüller, Ellen Rodriguez, Doris Rogatty, Rainer Sauthof, Hans-Ulrich Schmidt, Nicola Schmidtmeier, Hardy Schneider, Annette Schulz, Bernd Seifert, Rainer Sobotta, Wilfried E. Staemmler, Stiftung Tri-Ergon Filmwerk, Martin und Ulrike Stiller, Willi Teuber, Joachim Trewin, Michael Volke, Frank Wächter, Ulli Wegener, Anne Westermann, Karl Wiegand, Ralf Wigand, Renate Winkler, Heinz-Georg Winter, Barbara Woge, Peter Wolff, Wolfgang Zastrozny sowie der Lokalredaktion Bielefeld des Westfalen-Blattes und dem Stadtarchiv.

Rundgang 1

Vom Gehrenberg zum Haus des Handwerks

Wir sitzen mit Hardy Schneider im *M Kaffee,* schauen auf den Gehrenberg und reden über die Jahre, in denen nachts ganz Bielefeld auf den Beinen war, um sich in einer der vielen Altstadtkneipen auszutoben. „Hier hat sich vieles verändert“, sagt Olly und deutet rüber auf die Welle: *„König-City* da drüben, das war eine von den Kneipen, die es heute nicht mehr gibt.“ Auch Hardy denkt an alte Zeiten und sinniert: „Früher haben die Leute in der Kneipe gelebt – Wirt und Gäste. Man sagte nicht selten: unser Wohnzimmer. Die Kneipen hatten ein Gesicht. Der Kneiper war das Aushängeschild. Man sagte nicht: Wir gehen ins Schnick oder ins Schnack, sondern: Wir gehen zu Karl oder zu Ari. Wo wollen wir heute hin? Zu Jochen? Oder zu Kurt Fehr?“

Das ist das Stichwort: Zu Kurt! Bei Kurt Fehr beginnen wir unseren ersten Spaziergang durch vier Jahrzehnte Bielefelder Kneipengeschichte. Und sitzen sogleich im *König-City* der 80er-Jahre.

Kurt Fehr – nur echt mit der Lederschürze

Das *König-City* am Anfang der Welle. Hier steht lange Jahre Kurt Fehr hinter der achteckigen Theke mit Rundblick in den Gastraum. Er ist einer der wenigen Wirte, bei dem kaum jemand sagt: Wir gehen zu Kurt. Man sagt höchstens salopp: Wir gehen ins *KC*. Oder: zu Kurt Fehr. Denn dieser Wirt ist nicht der Kumpel mit dem Duz-Gen, Kurt Fehr ist eine Respektsperson! Dabei wäre er vermutlich auf Lebenszeit Oberkellner im *Haus des Handwerks* geblieben, hätte ihm nicht ein weit über die Stadtgrenzen bekannter Bielefelder zur richtigen Zeit die Tür aufgehalten: Tanzlehrer Peter Wolff, der Generationen von jungen Menschen die ersten Schritte auf dem Parkett beigebracht hat.

„Das *König-City* entstand eher zufällig“, sagt Peter und denkt an die Anfangsjahre zurück: „Ende der 70er-Jahre beauftragte mich der Allgemeine Deutsche Tanzlehrerverband, für 2000 Tanzschulen in Deutschland eine Einkaufsgesellschaft zu gründen. So entstand die Swinging World GmbH, in deren Auftrag ich viel reisen musste und viele Hotels und Restaurants sah.“

Peter Wolff (links) hob das *König-City* aus der Taufe: „Das *König-City* war das erste vollklimatisierte Lokal in Bielefeld. Es hatte sogar einen Luftbefeuchter."

Zu der Zeit gibt es in Bielefeld keine Lifestyle-Gastronomie. „Alle Kneipen sahen ähnlich aus: Tresen und ein paar Tische davor", sagt Peter. Er bringt viele Ideen mit, ein befreundeter Getränkegroßhändler zeigt ihm Pläne der König-Brauerei, wie künftige Franchise-Kneipen der Duisburger aussehen sollten: „Das wollte ich auch bauen."

In der früheren Kneipe *Zur Altstadt* von Ex-Armine Harry Garstecki findet Peter die passenden Räume. „Erst wollte der Hausbesitzer nicht, aber als ich ihm sagte: ‚Tino Schneider ist mein Schwiegervater', schlug er ein", sagt der frühere Inhaber der Tanzschule Teubner-Schneider. „Es sollte *der* Biertreffpunkt in der City werden", so der Anspruch. Dafür investiert Peter Wolff einiges, lässt bestes Material verbauen: Möbel aus Mahagoniholz, eine Theke aus Messing, quadratmetergroße Marmorplatten an den Toilettenwänden. „In den Sommerferien brachte der Architekt aus Düsseldorf seinen Sohn mit nach Bielefeld", sagt Peter und verrät: „Es war Franjo Pooth, damals zehn Jahre alt, der viele Jahre später Verona Feldbusch heiratete."

Weil Peter Wolff in diesen Jahren auch als Moderator beim WDR einen Namen hat, bekommt er im *Köpi*, wie die Bielefelder das Lokal nennen, oft Besuch von Funk, Fernsehen und Theater: „Alfred Biolek war zu Gast, Max Schautzer, Dagmar Berghoff und viele andere." Doch als Tanzlehrer, Moderator und Familienvater ist ihm schnell klar, dass er das Ding allein nicht wuppen kann. In Kurt Fehr findet Peter den richtigen Wirt für Bielefelds erstes In-Lokal.

Blick in den Gastraum des *König-City*.

„Kurt Fehr sah aus wie ein Bierkutscher; er stand auch da wie ein Bierkutscher und hatte immer so eine trockene Art. Er hatte nie Stimmungsschwankungen, geschweige denn schlechte Laune. Und für jeden einen Spruch auf den Lippen. Kurt war richtig klasse, ein Urgestein in der Altstadt", sagt Frank Wächter, Sohn von Margret Wächter aus der benachbarten *Deele*: „Das *KC* war Kurt Fehr." – „Er trug immer eine Lederschürze; darauf stand *König-City*. Wenn er die nicht umhatte, gab's auch noch kein Bier", erinnert sich Brigitte Althoff, die mit Hilde Neumann im *Köpi* serviert.

Im *Köpi* trifft sich die Altstadt, so, wie es sich Peter Wolff gewünscht hat: Unternehmer und Kaufleute, Handwerker und Angestellte, Apotheker und Leute vom Theater sitzen hier in froher Runde, trinken ein Bier oder zwei und essen was Kleines, was Hans Hackenberg, den sie scherzhaft den Erasco-Koch nennen, zubereitet. Nebenbei pflegen sie ihre Kontakte. „Heute wäre das eine After-Work-Party", sagt Brigitte Althoff.

Nur echt mit der Lederschürze: Kurt Fehr.

Wie jede Kneipe hat das *Köpi* feste Rituale. Eines davon ist der Frühschoppen, der samstags in der Mittagszeit beginnt – Ende offen: „Morgens ab halb zwölf trudelten alle ein. Es konnte passieren, dass der Frühschoppen mit Erbsensuppe, Frikadelle und Bratkartoffeln bis Mitternacht ging", sagt Brigitte und nennt Ritual Nr. 2: „Beim Frühschoppen ging Kurt immer um 14 Uhr nach oben in seine kleine Nebenwohnung. Er wohnte eigentlich in Werther. Sobald Kurt, der keinen Alkohol trank, weg war, ging die Party richtig los. Meistens kam er gegen 19.30 Uhr wieder runter. Da tanzten wir schon auf der Mini-Tanzfläche, was das Zeug hielt. Kurt schlug nur die Hände über dem Kopf zusammen und übernahm die Theke. Natürlich war von ihm auch ein bisschen Show dabei; er mochte ja die gute Stimmung."

Streng ist der Kultwirt allerdings beim Zapfen: „Bei Kurt musste man auf ein Bier warten können. Wenn einer sagte, er möchte ein schnelles Bier, bekam er gar nichts. Er gab vor, wie lange es zu dauern hatte. Kurt hat aus dem *Köpi* ein Spitzenlokal gemacht, es gab nichts Vergleichbares", schwärmt Dieter Mick Perl: „Der einzige Wirt in Bielefeld, den ich gesiezt habe, war Kurt Fehr. Am letzten Abend, bevor er in Rente ging, hat er mir das Du angeboten."

Das kann Brigitte Althoff bestätigen: „Ein Pils dauerte bei ihm sieben Minuten, da konnte der Laden noch so voll sein. Egal, ob Stammgast oder nicht, bei Kurt hatte alles eine Reihenfolge, da ließ er nicht mit sich handeln. Und das Du hat er mir erst nach sehr langer

Beliebte Altstadtkneipe: das *König-City.*

Zeit angeboten, obwohl ich hier einige Jahre gearbeitet habe. Er war immer Herr Fehr."

1997 zapft Kurt Fehr sein letztes Bier und gibt das *König-City* ab, das fortan *Trautmann* heißt. Später stehen Frank Guionnet, Biggi Beutling und Yanni hinterm Tresen der beliebten Altstadtkneipe. Biggi begegnen wir gleich noch einmal – im *Lindenkeller*, den sie parallel zu *Bei Biggi*, wie das *König-City* bei ihr heißt, betreibt. Da gibt's zum Abschluss nun ein weiteres Ritual, das bei guten Gästen Usus ist – wer gehen will, der bekommt zum Abschied ein „Stößchen": Hahn auf, Stößchen rein – man sagt auch, und nicht nur im *Köpi*: „Ein Viertel im Halben."

Frank Guionnet schenkt in der ehemaligen Köpi-Kneipe Barre-Bräu aus.

So verköstigt verabschieden wir uns und wenden uns dem Gehrenberg zu, wo unser nächstes Ziel liegt.

Roland Deppe (links, mit Gast Helmut Behrens) ist Chef in der *Ollen Pumpe* am Gehrenberg.

Bombenstimmung bei Bomber Deppe

An der Gabelung von Gehrenberg und Renteistraße eröffnet Roland Deppe Mitte der 70er-Jahre die Kneipe *Olle Pumpe*. Hier, im früheren *Alt-Gehrenberg*, sitzen schon nachmittags Lokalpolitiker und Unternehmer neben Handwerkern, Sekretärinnen, Arbeitern, Müllwerkern und Arbeitslosen und trinken einträchtig Herforder Pils und Sekt. Gern zu Gast sind stadtbekannte Typen wie der „Rote Baron" Rolf Senftleben, der gern im knallroten Jogginganzug und Fellmantel auf den Plan tritt, und „Flic Flac", dessen Name im Laufe der vielen Jahre und Salti verloren ging.

Neben der Lokalprominenz landen in der *Pumpe* regelmäßig bekannte Künstler, die in Bielefeld gastieren, auf einen Absacker: „Eines Tages standen Didi Hallervorden und Kurt Schmidtchen an der Theke. Eigentlich wollten sie nach ihrem Auftritt im Stadttheater ins *Piroschka* nebenan gehen, doch das hatte sonntags Ruhetag. Und so standen sie plötzlich bei uns an der Theke und bestellten ein Bier", erinnert sich Zapfer Otto.

Nicht ganz so sicher mit der Prominenz ist Zapfer Frank, weiß *Pumpe*-Gast Rüdiger Meyer: „Als einmal Udo Jürgens, der oft in Bielefeld war, in der *Ollen Pumpe* auftauchte, erklärte er leutselig: ‚Ich bin der Udo.' Darauf entgegnete Frank: ‚Ach, sind Sie der Udo Lindenberg?'" Der charmante Udo nimmt's gelassen und freut sich über ein kühles Herforder vom Fass.

Auch andere Stars lernen in der *Pumpe* den typischen Bielefelder Humor kennen, den selten jemand versteht, wenn er nicht von hier wechkommt. Turbo Meyer erzählt: „Jürgen

Drews war mal zu Gast und aus Versehen hatte der Rote Baron ihn angerempelt. Jürgen sagte verärgert: ‚Vorsicht, weißt du nicht, wer ich bin?' Rolf erwiderte ungerührt: ‚Nee, aber ich bin hier der Baron!'"

Überhaupt, die Gäste. Da gibt es so manches Prachtexemplar in der *Pumpe*. Einer ist Horst Plöger. Wer ihn sieht, denkt sofort an einen Indianer – als wäre er gerade aus einem Karl-May-Western von der Leinwand hinabgestiegen. Deshalb bekommt er den albernen Spitznamen „Gallopping Horst". „Sobald er die *Pumpe* betrat, wurde es still, wie im Wilden Westen, wenn Häuptling Gallopping Horse einen Western-Saloon besuchte", erzählt ein früherer Gast.

Deppe-Schwester Trixi.

Rolands Bruder Manni Deppe, Flipperkönig Hanepie Schröder und Peter Nawrotzki sind am Zocken.

Und noch einer ist vielen gut in Erinnerung – Ex-Kellner Dierk Fuhrmann erzählt: „Der finanziell gut aufgestellte Stammgast Andreas W. saß jeden Tag in der *Ollen Pumpe* und trank Wein. Deshalb bekam er vom Kneiper Bomber Deppe den Spitznamen ‚Weinstein' verpasst."

Weinstein hat nicht nur ein Herz für anregende Kaltgetränke, auch die Sorge um den Nächsten treibt ihn um. „Als Andreas mitbekam, dass die Verlängerung der Aufenthaltserlaubnis von *Pumpe*-Kellner Achmed Ben Hardy in Gefahr war, bot er ihm an, ihn zu adoptieren", erinnert sich Dierk. Doch was macht der undankbare Sohn in spe? Er heiratet kurze Zeit später von der Stelle weg eine Bielefelderin und hat somit Bleiberecht. Damit nicht genug – Dierk: „Einige Jahre später ist Achmed mit einem Kastenwagen, beladen mit Küchengeräten, kurzfristig, sozusagen über Nacht, angeblich über Genua nach Tunesien abgedampft." Aus welchem Grund, ist nicht überliefert.

So illuster wie das Publikum ist auch das Personal. Da gibt es Gast 9-Uhr-Gerd, der regelmäßig um 21 Uhr vollstramm ist. Auch die stadtbekannten Brüder H. haben bei Bomber Deppe einen gewissen Status: Sie arbeiten in mehreren Kneipen des umtriebigen Gastrono-

Alle, die noch einen Deckel haben, werden nach dem Kakerlaken-Feldzug von Bomber Deppe zum Renovieren verpflichtet: Gordon Webb, Uwe Möller gen. Manni Müller, Uli Gietz, Frank Niel, Rolli Senftleben.

men. Die H.-Brüder machen sauber, kellnern, erledigen alles, was anfällt. Leider verwechseln sie in ihrem Eifer schon mal Rotwein mit Persiko, was eine größere Gesellschaft sehr amüsiert – den guten Schnaps zum Weinpreis bekommt man eben nicht alle Tage.

Um seine Gäste bei Laune zu halten, verteilt Chef Roland Gewinne für allerhand Spielchen. Eine Flasche roten Fürst-Metternich-Sekt spendiert er dem Tagesbesten im Automaten-Flippern. Ist die Marke nicht vorrätig, beweist er Improvisationstalent und füllt kurzerhand in eine leere Sektflasche Korn, Himbeersaft und Sprudel im richtigen Verhältnis, weiß ein früherer Mitarbeiter: „Dieses sektähnliche Gesöff wurde kräftig geschüttelt, mit einem Korken versehen und dem Sieger überreicht, der zu vorgerückter Stunde ohnehin meist nicht mehr urteilsfähig war."

Viele Bielefelder Lokale haben eine Thekenmannschaft. Stolz päsentiert die Truppe von der *Pumpe* mit dem skurrilen Namen „Lokomotive Nettelbeck" ihren Pokal.

Ähnlich pragmatisch geht Roland vor, wenn Rosé-Wein gewünscht wird. „Den hatte er nie auf Lager, darum gab es bei einer der seltenen Rosé-Bestellungen nur eine Möglichkeit: Rotwein und Weißwein wurden gemischt", plaudert der Ex-Kellner aus dem Nähkästchen. Offenbar ist diese Praxis in den 70er-Jahren in Bielefeld verbreitet. Auch aus anderen Lokalen – insbesondere aus den einfacheren Kneipen und Kaschemmen – hören wir dieselbe Geschichte.

Kakerlaken sind in vielen Bielefelder Kneipen ein großes Thema – so sehr, dass sie eine besondere Würdigung im Titel dieses Buches erfahren. Auch die *Olle Pumpe* bleibt nicht verschont. Ein früherer Mitarbeiter erzählt: „Eines Tages kamen Leute vom Ordnungsamt und entdeckten einige der kleinen Tierchen in der Küche. Da wurde nicht lange gefackelt: Ein Kammerjäger rückte an und stellte fest, dass sie sich hinter dem Paneel rundum an den Kneipenwänden eingenistet hatten. Alle Bretter wurden abgerissen, die Räume einmal ausgeräuchert. Einige Tage später ging der Kneipenbetrieb weiter, als wäre nichts gewesen."

Bekannt ist die *Olle Pumpe* für ihre Fußballmannschaft, wie sie zu dieser Zeit jede vernünftige Kneipe in Bielefeld hat. Frei-

Tolle Stimmung in der *Ollen Pumpe*: Roland Deppe in der Jacke des Bierfahrers, seine Mitarbeiter Harry und Hannes fahren in Müllfahrer-Anzügen im Einkaufswagen von Hill durchs Lokal.

tagabend stellt Roland Deppe, der gleichzeitig Trainer der Theken-Kicker ist, die Mannschaftsaufstellung für die Samstagsspiele vor. Bei Roland geht es streng nach Leistung. Genauer: nach Trinkleistung. Nur wer unter der Woche genug Striche auf dem Bierdeckel sammelt, darf samstags in der Kneipenmannschaft spielen.

„Sag mal, Olly, das war schon ein schräger Laden, oder?" – „Das kannst du laut sagen. Ich erzähle mal eine der unglaublichsten Geschichten der Bielefelder Gastronomie" – natürlich aus der *Ollen Pumpe:*

„Eines Tages bekam ich einen Anruf, ich müsste unbedingt in die Kneipe kommen und Fotos machen. ‚Olly, hier sitzen die Müllmänner in Unterhosen und die Kellner tanzen in Müllfahrerklamotten auf der Theke!' Als ich ankam, sah ich das Unglaubliche. Kellner Harry Westerwinter fuhr Zapfer Hannes Potenko im Einkaufswagen von Hill durch die Kneipe, später saß Harry in der Karre und Hannes schob.

Was war denn hier los? Bald wurde ich aufgeklärt.

Roland Deppe bedachte wie so oft die Jungs von der Müllabfuhr mit ein paar Schnäpsen und Bier, damit sie etwas mehr mitnahmen.

Irgendwie tranken sich die Müllfahrer fest, und Deppe hatte die Idee, dass man mal aus Spaß die Klamotten tauschen könnte. Die Müllmänner wurden immer besoffener, und Roland brachte sie tatsächlich dazu, die orangefarbenen Jacken aus- und diese Harry und Hannes anzuziehen. In dem Moment lieferte der Bierfahrer Getränke an. Roland platzierte den armen Kerl ebenfalls an der Theke, versorgte ihn standesgemäß mit Kaltgetränken und zog sich die Jacke von der Herforder Brauerei an. Zur Aufmunterung servierte Roland aufgewärmte Gulaschsuppe. Der Bierwagen und der große Müllwagen parkten mitten auf dem Gehrenberg, und während die Fahrer ihre Pause verlängerten, rannten die drei Verkleideten auf der Straße mit ihrem Einkaufswagen rum und zogen die Blicke von Passanten und Ladeninhabern auf sich.

Die *Pumpe* wurde immer voller, weil sich das Ereignis blitzschnell rumgesprochen hatte.

Zwischenzeitlich waren beide Müllmänner und der Bierfahrer strudeldicke. Der Spaß ging bis in die Nacht, die Kasse stimmte und Bielefeld hatte drei Tage was zu lachen."

Wir verlassen die *Olle Pumpe*, bevor noch mehr Unsinn ans Tageslicht kommt, und wenden uns einem Kleinod der Bielefelder Gastronomie zu. Gleich nebenan hat sich ein bekannter Bielefelder Gastronom seinen Lebenstraum erfüllt.

Kästner und Kaviar im *Piroschka*

Ende der 60er-Jahre eröffnet der Wirt vom früheren *Jonathan* die Gaststätte *Jonathans Piroschka*. Nach den langen Jahren im Gesellschaftshaus widmet sich Reinhold Hülsewede in dem kleinen Lokal am Gehrenberg nun ganz persönlich seinen alten treuen Gästen.

Reinhold Hülsewede erfüllt sich mit dem *Piroschka* einen lang gehegten Wunsch.

Reinholds Sohn Peter (Lieblingsgetränk Queenie) übernimmt später das Lokal. Im Hintergrund die in Bielefeld einzigartige Gläser-Kühlanlage.

Erika Kreuzer und Kellner Karl-Heinz Pölter servieren hier tschechisches Pils, ungarische Kolbaszwurst, Tatar und Kaviar – gewürzt mit geistreichen Versen von Ringelnatz, Kästner, Tucholsky und Heinz Erhardt, die Jonathan westfälisch trocken vorträgt. „Ein solches Lokal hatte er sich schon lange gewünscht", sagt Reinholds Sohn Peter, der die Gaststätte später weiterführt.

Benannt ist sie nach der Hauptfigur des Nachkriegsfilms „Ich denke oft an Piroschka", verkörpert von der unvergessenen Liselotte Pulver. Als wäre es gestern gewesen, erinnert sich Immobilienmaklerin Iris Nahrstedt an ihr Bewerbungsgespräch bei

Zu seinem 65. Geburtstag am 16. September 1977 nahmen Freunde für Jonathan diese Schallplatte auf.

Peter Hülsewede: „1985 wohnte ich mit meiner Freundin Judith in einer WG am Siekerwall. Wir hörten, dass in der *Piroschka* – also gleich ums Eck – Kellnerinnen gesucht wurden. Diesen Job wollten wir unbedingt. Um unseren Bewerbungsauftritt möglichst eindrucksvoll zu gestalten, kamen wir im Piroschka-Doppelpack verkleidet – roter Rock mit Unterröcken, weiße Spitzenbluse und die (film-)klassische Zopffrisur. Peter nahm uns sofort und wir blieben drei Jahre. Es war eine wunderbare Zeit, in der wir interessante Bielefelder kennenlernten und wilde, fröhliche und kreative Stunden erleben durften. Ich denke oft an *Piroschka*!"

Das *Piroschka* am Gehrenberg

„Havanna Club und Becherovka, damals Exoten, waren angesagte Getränke im *Piroschka*", weiß Bob Engelbrecht. Der langjährige Gastronom kennt Jonathan noch persönlich: „Er sollte andauernd mit den Gästen einen mittrinken. Um sie nicht zu verletzen, hat er immer so getan, als ob er mittrinkt, in Wirklichkeit aber war es Sauerkrautsaft."

Berühmt ist das *Piroschka* für seine vollautomatische Gläserkühlanlage, rund um die große Theke angeordnet und so in Bielefeld einzigartig, wie Peter Hülsewede einmal stolz erzählte.

Vom *Piroschka* gehen wir nur wenige Schritte, und schon stehen wir im nächsten Lokal. Und wieder begegnen wir Roland Deppe. Der eröffnet 1984 Bielefelds niedlichste Gaststätte: den *Ulmengarten* am Niederwall.

Das Ordnungsamt ist streng

Anders als Peter Marquardt, der in den 80ern den *Westfälischen Hof* in Schildesche nach Kreuzberger Vorbild zur Gaststätte *Klo* umrüstet und seine Gäste buchstäblich auf den Pott setzt, macht Roland Deppe genau das Gegenteil. Er übernimmt das Toilettenhäuschen aus der Kaiserzeit, einst Bielefelds erstes öffentliches Urinal und eines von zwei Dutzend, die Mitte der 80er-Jahre noch existieren, und baut es zu einer richtig gemütlichen Kneipe um.

Das Backstein-Pissoir war bis 1982 öffentliche Bedürfnisanstalt, jetzt heißt die darin entstandene kleine Kneipe *Ulmengarten* – ein Hinweis auf den Ulmenwall, wie hier der Niederwall einst hieß.

Uwe Fastabend, lange Jahre Gastronom in vielen Bielefelder In-Kneipen, erinnert sich: „Da trafen sich Lebenskünstler, Zuhälter und andere Leute, eben alle, die sich besonders fanden. Natürlich wurde, wie in so einigen Läden in der Stadt, gezockt."

Später übernimmt Heidrun van der Veken die kleine Kneipe, die sie gemeinsam mit ihrem Mann Edgar betreibt. Edgar, 1969 Besucher des Woodstock-Festivals, steht trotz fortgeschrittenen Alters gern in gut sitzender Lederhose hinter der Theke des gerade 16 Plätze großen *Ulmengartens*, der in jeder Hinsicht außergewöhnlich ist: Eine Wohnzimmergarnitur dient als Außengastronomie, hinter dem eigentlichen Haus steht ein hölzerner Anbau, der dem Wirtspaar als Wohnung dient.

Leider übertreiben es die beiden mit den Erweiterungen, die überdies nicht so richtig genehmigt sind. Darum müssen Heidrun und Edgar kurz nach der Jahrtausendwende die Räume am Niederwall 44a verlassen. Sie gehen in die frühere *Insel Helgoland* an der Neustädter Straße, wo sie dem drohenden Rauchverbot in nordrhein-westfälischen Kneipen ein *Tabaks-Kollegium* entgegensetzen.

Vom *Ulmengarten* ist es nur ein Katzensprung, und schon landen wir im *Ententeich*.

Die Außengastronomie des *Ulmengartens* – nach heutigen Maßstäben bescheiden.

Wo einst die Enten schwammen ...

Das Hotel Am Bach/Ecke Gehrenberg hat eine lange Geschichte, wie uns Dieter Flaßbeck erzählt. Er und seine Ehefrau Ruth betreiben den *Ententeich* – ein Hotel mit 40 Betten und einer beliebten Gaststätte – bis 1989 in dritter Generation; zuvor hatten es Dieters Eltern Olga und Erwin.

Der *Ententeich* 1989 kurz vor dem Abriss, Blick vom Niederwall.

Hotel und Gaststätte *Ententeich* Am Bach, wie er den Bielefeldern in Erinnerung ist.

Dieter Flaßbeck steigt 1950 in das elterliche Geschäft ein: „Das Haus wurde im Krieg völlig zerstört; nach 1945 hatten meine Eltern auf dem Grundstück nur einen Ausschank in einer Holzbaracke."

In den 50er-Jahren ist das wiederaufgebaute Haus eines der ganz wenigen Stadthotels, der *Handelshof* am Niederwall und *Volkmann* kommen später hinzu. 1970 baut Dieter Flaßbeck um und gibt das Restaurant 1979 an Mitsos Komvos ab.

Der muntere Grieche hatte zuvor die *Letzte Instanz*, jetzt will er den *Ententeich* in *Dionysos* umbenennen. „Ich sagte zu ihm: Mitsos, lass das sein! Das war immer der *Ententeich*, und der muss im Namen vorkommen, sonst funktioniert das nicht", erinnert sich Dieter Flaßbeck. „Er hat auf meinen Rat gehört und schließlich die *Taverne Dionysos im Ententeich* daraus gemacht."

Als Dieter Flaßbeck das Haus 1989 an Kirstein & Sauer verkauft, hat er Tränen in den Augen: „Das war eine meiner schwersten Entscheidungen." Kurz darauf wird es abgerissen.

Im Neubau wird es Ende der 90er erneut griechisch. Konstantinos Kerasidis kommt, baut aufwendig um, bleibt mit seinem *Kostas* aber letztlich glücklos, nicht zuletzt wegen der jahrelangen Großbaustelle „Welle-Haus" in der Nachbarschaft. Koch Thammy, heute erfolgreich am BBQ-Grill, bereitet hier in der offenen Küche feine Speisen zu. Leider verlässt der sympathische griechische Gastronom die Altstadt und geht nach Heepen, wo er mit *Kosta's* den Neuanfang wagt und gehobene Gastronomie am Schützenberg etabliert.

Auch für uns ist es Zeit zu gehen. Zum Abschied möchten wir noch eines wissen: Woher hatte der *Ententeich* seinen Namen? „Hier stand bis 1903 die Mühle Starken, und die hatte einen Ententeich. Daran sollte der Hotelname erinnern." Danke, lieber Dieter. Und schon ziehen wir weiter.

Bernd zaubert seinen Gästen ein Lächeln ins Gesicht

Piano steht auf dem Schild an dem schlichten Haus am Siekerwall. Es verheißt gediegene Bar-Atmosphäre und tatsächlich: Bereits im Entree des kleinen Nachtlokals begrüßt uns – ein Piano, an dem Wirt und Gäste manchmal um die Wette spielen.

Augustus-Wirt Armin Burgmann kennt das *Piano* noch von ganz früher: „In den 70er-Jahren hieß es erst *Weekend*, dann *Piano*. Da gehörte es Otto Burkard."

Otto, der im Laufe der Jahre so einige Lokale betrieben hat, trennt sich in den 80ern vom *Piano*. Jutta und Bernd, die vorher mal im *Ambassador* und im *Studiker I* an der Arndtstraße gearbeitet haben, übernehmen von ihm das schnuckelige Lokal. Bald sind sie aus dem

Das *Piano* am Siekerwall, daneben die *Pfeffermühle*.

Bielefelder Nachtleben nicht mehr wegzudenken. Sie öffnen ihr *Piano* nur nachts, und wenn alles schon schläft, dann finden Nachtschwärmer hier noch ein feines Plätzchen.

Nicht nur, dass Bernd ein freundlicher Wirt und glänzender Pianist ist – er zaubert auch erstklassig: „An stillen Feiertagen, an denen behördlicherseits keine Veranstaltungen mit Musik erlaubt waren, ging er von Tisch zu Tisch und zauberte, um seinen Gästen etwas bieten zu können", erinnert sich Jochen Hartmann. Doch Bernd ist nicht nur Geschäftsmann, er ist auch ein Menschenfreund. Andreas Oehme weiß über eine liebenswerte Eigenschaft des Wirtes zu berichten: „Bernd wollte jungen Leuten manchmal einfach Gutes tun für ihr Liebesglück. Er verschenkte dann einen Gutschein für einen Abend frei Cocktails inklusive seiner Zauberkünste zwischendurch am Tisch. Den Gutschein konnte man in der *Piano Bar* einlösen, wenn man frisch verliebt war und zu zweit einen tollen Abend verbringen wollte. So mit 17 Jahren fühlte sich so ein Gutschein in der Tasche schon extrem gut an."

Nicht nur die Nachtschwärmer aus der Altstadt landen zu später – oder besser: früher – Stunde bei Jutta und Bernd. Gern kommen die Gäste auch nach einem Besuch im *Westernsaloon* ein paar Häuser weiter, unserer nächsten Station auf unserem Spaziergang am Siekerwall.

Nur 92 dürfen tanzen

Udo Lummer, einst Gitarrist bei den Green Onions, kennt den *Westernsaloon* noch aus den Anfängen. Das Musiker-Urgestein nimmt uns mit in die Vergangenheit: „Bis Mitte der 60er-Jahre gab es nur Live-Musik, um 1966 kamen die ersten Diskotheken auf – das Bandsterben begann. Discos hatten ganz andere Möglichkeiten als eine Band. Die erste Diskothek in Bielefeld war der *Westernsaloon*." Kurz darauf eröffnet Tüddi Herfurth sein *Old Crow*.

Friedel Merz, Schwimmer und Torwart bei Arminias Amateuren, legt Platten auf, seine Frau Rosel und Klaus Kammler bedienen in dem gerade mal 92 Personen fassenden Lokal. Mehr ist behördlich nicht erlaubt, wie Friedel auf unserem Foto für das Westfalen-Blatt zeigt. „Als richtiger Fußballer spielte Friedel natürlich auch in der Kneipenmannschaft vom *Westernsaloon*", weiß Bielefelds Kultwirt Schorse Winter.

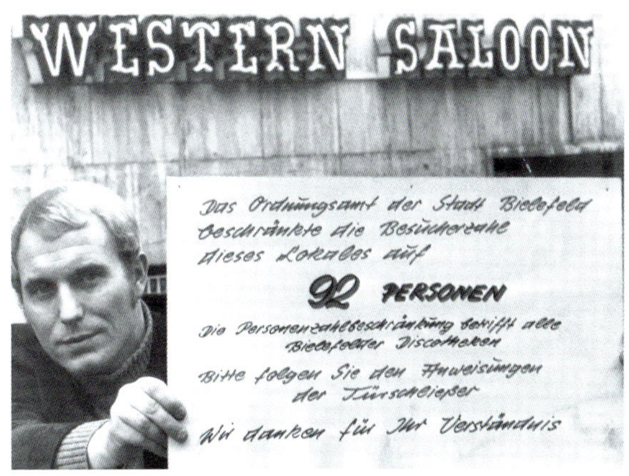

DJ im *Westernsaloon*: Friedel Merz weist auf die begrenzte Kapazität des Lokals hin.

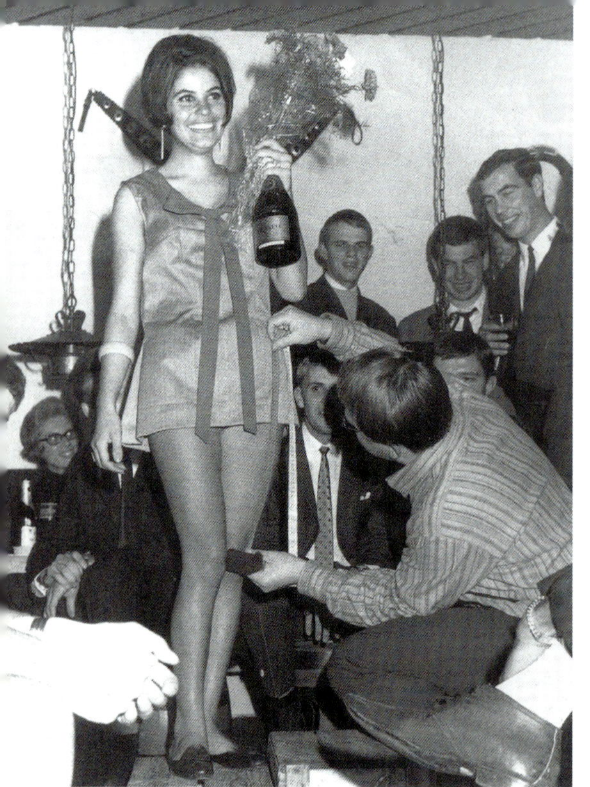

Antonita heißt die junge Spanierin, die 1966 den Minirock-Wettbewerb im *Westernsaloon* gewinnt. „Antonita genoß es sichtlich, mit 33 Zentimetern über dem Knie einige weniger ‚kurze' Gegnerinnen aus dem Felde geschlagen zu haben", schreibt die Freie Presse zu dem Ereignis.

Von der Bierkneipe zur Blues-Instanz

Wenn diese Wände reden könnten ... Können sie aber nicht. Ersatzweise springt Gastronom Jochen Hartmann ein, der die Räume im Untergeschoss des früheren Nacktclubs *Atlantic* noch als *Osnabrücker Bierstuben* kennt. „Ende der 60er bezogen die *Bierstuben* ihr Bier aus Osnabrück, daher der Name", weiß der Tausendsassa, der jeden Millimeter Bielefelder Kneipenszene handvermessen hat, zu berichten. Anschließend heißt die Kellerkneipe *Zur letzten Instanz* – wegen ihrer Nachbarschaft zum Gericht und dem damals daneben stehenden Gefängnis in der Gerichtstraße.

Beim Publikum kommt die neue Form der Unterhaltung gut an, bei den Musikern hingegen stehen die neumodischen Discos nicht sehr hoch im Kurs – schlimmer noch, so Udo Lummer: „Discos wurden von uns Musikern verachtet."

Jetzt heißt es Abschied nehmen von dem kleinen Kellerlokal, das in späteren Jahren zur Soul- und Reggaedisco *Sloopy* umfirmiert und Mitte der 80er dann *Bijou* heißt. Wir gehen einmal um die Ecke und landen – wieder im Keller! Mit der Aufschrift *Extra Blues Bar* lädt das Schild an der Sieker Straße dazu ein, den Schritt ins Souterrain zu lenken.

Dieter Husmann kommt 1983 von Isselhorst, wo er das in der Bluesszene bekannte *Odeon-Theater* betreibt, nach Bielefeld und übernimmt von Männix, einst Wirt im *Unikum* an der Welle (s. S. 47), das *Sammelsurium*. So heißt die *Letzte Instanz* mittlerweile, und drinnen macht das Lokal seinem Namen alle Ehre: „Männix hatte eine große Sammlung alter Blechschilder, die überall hingen, dazu gehäkelte Lampenschirme und jede Menge alter Sachen", erinnert sich Hussys Tochter Ina an die frühen Jahre.

Seit 1983 heißt die Kellerkneipe *Extra*.

Schon früh bekommt die lokale Bluesszene im *Extra*, wie Hussy die Kneipe nun nennt, eine Bühne. Ab Ende der 80er treten in dem kleinen, kaum 150 Leute fassenden Raum Stars wie Katie Webster, Louisiana Red und Dave Specter auf. „Sogar Bernard Allison konnten wir hier begrüßen – als Gast nach einem Auftritt", blickt Ina zurück. Und weil Live-Mucke in der Kneipe zwar schön, aber nicht genug ist, veranstaltet Hussy jahrelang den Blues-Zirkus am Leineweberring und die Blues-Schifffahrt auf der Weser.

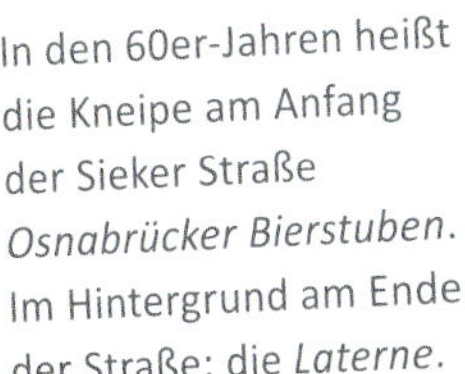
In den 60er-Jahren heißt die Kneipe am Anfang der Sieker Straße *Osnabrücker Bierstuben*. Im Hintergrund am Ende der Straße: die *Laterne*.

„Es ist eine Spelunke mit sieben Sternen", lautet sein Lieblingsspruch über das *Extra*, das er anfangs mit Dagmar Brüning, Gerd Schröder und Regina Wagner am Laufen hält. „Zwar war das Speisenangebot eng begrenzt, aber er legte immer Wert auf gutes Bier und ausgesuchte Schnäpse", sagt Ina und erinnert sich an die jahrelange Diskussion um Jägermeister – sowas Modisches will Hussy nicht verkaufen: „Alle wollten ihn. Schließlich hat er doch nachgegeben."

Seit 2009, zwei Jahre vor Hussys Tod, führt ein Verein die Geschäfte der alten Kneipe, die seitdem *Extra Blues Bar* heißt, doch ansonsten hat sich hier wenig verändert. Möbel, Theke, die Musikauswahl, ja selbst die von Hand geschriebenen und mit Bildchen verzierten Getränkekarten erzählen von einer

Dieter Husmann ist das Gesicht vom *Extra*.

Zeit, die es heute nur noch in kleinen Nischen gibt. „Als 1997 umgebaut wurde, hatten die Gäste Angst, dass das *Extra* so eine schicke Kneipe wird", sagt Ina. Zum Glück ist es nicht so gekommen und das *Extra* bis heute weitgehend das alte geblieben.

Beim Rausgehen schauen wir rüber auf das rote Klinkerhaus an der Ecke zur Schmalen Gasse. Bis in die 80er-Jahre steht hier eine Bude, deren Namen wohl jeder Altstädter längst vergessen hat, wenn sie denn je einen hatte.

„Hinter der früheren Rückwarth-Tankstelle gab es eine alte Holzbaracke, eine richtige Malocherkneipe. Hier trafen sich alle, die billig ein Bier trinken wollten. Ab und zu ging dann die Tür auf und ein Besoffener kam in hohem Bogen rausgeflogen", erzählt Schorse Winter. Fliegen dazu die Fäuste, ist das ein Fall für die Beamten der nahe gelegenen Polizeistation unten am Ende der Sieker Straße, die bis in die 80er-Jahre besetzt ist.

Wir sind auf dem Weg Richtung Papenmarkt und kommen zum zweiten *Spökenkieker* von Rainer Sobotta, der auch eine besondere Geschichte hat (s. S. 46).

Papenmarkt und Breite Straße: Vor *Zum Spökenkieker* (Aufnahme von 1990) ist hier die *Laterne*.

Otternasen im Sonderangebot

Vor *Zum Spökenkieker,* früher die *Laterne,* stehen wir mit Rainer, der in seinem Anekdotenschatz kramt: „Ich hatte einen Koch, der schon für die englische Queen gekocht hat. Zum Spaß haben wir mal ein großes Schild draußen auf dem Bürgersteig aufgestellt: Heute Otternasen mit Salat, Stück 3,50 DM." Rainers Gäste hadern mit dieser Art von Humor: „Mensch, Rainer, das kannste doch nicht machen", sagen sie, doch der Wirt beruhigt: „Da passiert nichts, die wachsen nach. Schmeckt sehr lecker, ein bisschen nach Hühnchen und Kalbfleisch." Rainer ist noch immer ein wenig erstaunt, dass das damals alle für bare Münze genommen haben.

Nur wenige Meter weiter steht ein Leuchtturm der Bielefelder Kneipenszene: die *Insel Helgoland* – in den 70er-Jahren mit der blauen Lichtreklame und dem Zusatz „Akademische Bieranstalt" auf dem Baldachin. Und hier, am Eck von Breiter Straße und Neustädter Straße, sind wir jetzt zu Gast.

Mit Ari auf Safari!

Im kleinen Gastraum der *Insel Helgoland* stehen im Laufe der vielen Jahre einige Wirte hinterm Tresen, darunter Erika und Karl-Heinz Kempa, Bob Engelbrecht, Klaus Erich Groppel, Yanni und Elias.

Immer geht es familiär zu – alle halten hier zusammen, wie Mick Perl erzählt: „Eines Vormittags ging ich in die *Insel*, die üblichen Verdächtigen hatten schon alle Plätze an der Theke belegt, lautes Stimmengewirr empfing mich, als ich die Kneipe betrat", sagt der Roadie und Tontechniker. „In diesem Augenblick klingelte das Telefon. Sofort kam von fast jedem an der Theke der Ausruf: ‚Ich bin nicht da!'. Wirt Carsten ging ans Telefon und meldete sich ‚*Insel Helgoland*, Carsten hier ... es ist keiner da! Der Lärm kommt von der Putzfrau!', und legte, ohne auf eine Reaktion zu warten, auf."

Richtig *Helgoland*-Geschichte schreiben Renate und Aribert Schneider, die hier nach ihrer Zeit in der *Körnerklause* den Zapfhahn übernehmen. Die beliebten Wirtsleute führen in den 80ern und 90ern das Lokal, viele Stammgäste aus der *Körnerklause* wechseln mit dem lebensfrohen Paar nach dem Aus am Rathaus und gehen mit „Ari auf Safari", wie Insider über die Bielefelder Wirt-Instanz heimlich witzeln.

Immer wieder wird erzählt, dass in der *Insel* gezockt wurde. Doch davon wollen die Schnei-

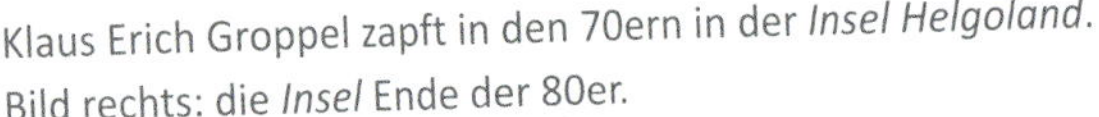
Klaus Erich Groppel zapft in den 70ern in der *Insel Helgoland*.
Bild rechts: die *Insel* Ende der 80er.

Aribert Schneider – der muntere Sachse ist Kultwirt in der *Insel Helgoland*.

üblich ist, sondern über die Gäste in der *Insel*.

Einer von ihnen ist Stammgast Katag-Karl. Schneider-Sohn Hardy erinnert sich bestens an den Kauz: „Karl arbeitete bei der Katag. Er war zwar schon Mitte 50, wohnte aber noch bei seiner Mutter und musste immer pünktlich zuhause sein. Kam er unpünktlich, gab es Ärger – mit dem Schäferhund, den Muttern dann von der Leine ließ. Karl hatte was im Rücken, darum musste ich ihm Abend für Abend das Geld für die Zeche aus den Socken holen."

ders nichts wissen: keine Zocker!, versichern sie. Na gut, glauben wir es mal und reden darum hier guten Gewissens nicht übers Zocken, wie es in vielen anderen Bielefelder Kneipen

Für Hardy gehört das zum Job – als Kneipenmitarbeiter ist er für alles zuständig: „Der

Ohne sie geht in der *Insel* gar nichts: Renate Schneider.

Hardy an der Musikbox: Der Schneider-Sohn ist in der *Insel* für alles zuständig.

Kneiper war früher Entertainer, Polizist, Arzt, Psychologe, Erzieher, bester Freund – wir waren alles, aber am wenigsten nur Gastwirt."

Später, die Schneiders sind im wohlverdienten Ruhestand, versuchen sich Heidrun und Edgar vom *Ulmengarten* an der *Insel Helgoland* – die leidenschaftlichen Raucher gründen angesichts des drohenden Rauchverbots Bielefelds erstes *Tabaks-Kollegium*, was ja gut zur „Akademischen Bieranstalt" der 70er-Jahre passt. Leider ohne Erfolg. Nach weiteren Pächterwechseln schließt die beliebte Altstadtkneipe 2015. Heute ist in ihren Räumen eine Krabbelgruppe. O je, wenn die lieben Kleinen wüssten ...

Vom Strand der *Insel Helgoland* zu den Gipfeln der hohen Berge liegt kaum ein Wimpernschlag: Alpenfest heißt es in den 60er- bis 80er-Jahren im benachbarten *Haus des Handwerks* neben der Neustädter Marienkirche.

Holladiho – die Alpen rufen!

„Olly, erzähl mal, wie das war!" – „Es war das Großereignis des Jahres. Die Feste des Alpenvereins waren weit über die Stadtgrenzen hinaus bekannt. Lederhose und Dirndl waren Pflicht. Darauf wurde am Eingang streng geachtet. Als Attraktion gab es eine Rutsche von der Empore direkt auf die Tanzfläche."

Und weil zu einem zünftigen Alpenfest ein handfester Auftaktknaller gehört, muss zur Eröffnung der immer ausverkauften Veranstaltung der Oberbürgermeister mit seiner Frau als erster unter starkem Beifall die steile Metallrutsche hinabsausen, erzählt Olly aus vergangenen Tagen: „Damals waren es über viele Jahre Oberbürgermeister Klaus Schwickert und seine Ehefrau, die mit Vergnügen diese Gaudi mitmachten."

Na dann: Feiert noch schön! Wir gehen jetzt nach Hause und freuen uns auf unseren nächsten Spaziergang. Der fängt in einer unscheinbaren Kneipe Am Bach an – doch die hat's in sich.

Alpenfest im *Haus des Handwerks* – der Vorläufer des heutigen Oktoberfestes.

Rundgang 2

Vom Meddos zum Mercure

Wir stehen mit Michael Lamass („Otto") vor der Häuserzeile Am Bach 4/Ecke Gehrenberg, an der Stelle, wo bis vor einigen Jahren der Interieur-Laden Wilhelm Busch weithin sichtbar für sich warb.

Wo Götz Alsmann vor 30 Leuten spielt

„Da drüben war das *Meddos*", sagt Otto und zeigt auf die Schaufensterreihe auf der anderen Straßenseite. Hier, auf halbem Wege vom Rats und Bavink zur Straßenbahn, sitzen nach Schulschluss gern die Gymnasiasten, um bei einer Cola Abstand vom Schulstress zu finden. Abends zapft ihnen unter anderem Schorse Winter ihr Bier. Andere mögen es schicker und bestellen sich einen Lumumba – Bacardi mit Kakao. Angeblich ist es der beste in ganz Bielefeld. Genauso beliebt sind die Frikadellen, die die benachbarte Fleischerei Reckendorf liefert – in ihren Räumen eröffnet Anfang der 80er die Altstadtkneipe *Bach 17*.

Weil das *Meddos* bei Schülern in ist, wird „hin und wieder der Unterricht vergessen, auch ging der eine oder andere schon mal zur Mittagszeit angetrunken und mit leichten Ausfallerscheinungen zum Sportunterricht", sagt Peter Fortmann. „Oft saßen die Besucher überall, sogar auf den Podesten am Fenster. Im Winter waren dann die Fenster beschlagen, so voll war es." Auch in der Küche sitzen regelmäßig welche, aber nicht, weil sie im Gastraum keinen Platz finden: „Hier wurde oft gespielt, die wollten wohl unter sich sein. Die Spieler saßen auf den Mülltonnen, weil es nur ein paar Stühle in der Küche gab", erzählt Peter.

Eröffnet wird das *Meddos* von Otto Burkard und Ronny Zorn 1972. Davor sind es die *Rintelner Bierstuben,* anschließend eine „typische griechische Gastarbeiterkneipe", wie Hans-Ulrich Schmidt weiß. „Das *Braustübl* wurde in den 60er-Jahren von Gerda Malamidis geführt."

Michael Lamass ist sechs Jahre lang Geschäftsführer im *Meddos*: „Anfang der 70er-Jahre waren Ronny Zorn, Otto Burkard und noch einer in München, sahen dort eine Kneipe namens *Meddos*, und weil sie ihnen so gut gefiel, kupferten sie die gesamte Inneneinrichtung eins zu eins vom Original ab." Selbst der Name und die Idee, die Tische fest einzumauern, kommen so von der Isar an den Teuto, wie Michael erzählt.

Nach der Gründung wechseln die Pächter im *Meddos* in schneller Folge: Erich Groppel mit Dirk Grünkemeier, danach Peters Bruder Michael Fortmann, Willi Dreismann („Kuchen-Willi“), Michael Lamass, Lothar Remke, Uwe Fastabend mit seinem ausgestopften Krokodil unter der Decke und Hassan, der dann aber schon die Kneipe in *Malibu* umbenannt hatte. Später gehen die Malibuer ins heutige *Rockcafé*, das in den 80ern zeitweise *Confetti* heißt.

Michael Ortmann arbeitet in den 80er-Jahren im *Meddos*.

Georg Sauthof ist Kellner.

Michael Lamass – alle kennen ihn nur als Otto.

Weil das *Meddos* schwer angesagt ist, zeigen die Bielefelder Kinos Mitte der 70er- bis in die 80er-Jahre für die Kneipe einen Werbefilm vor dem Hauptfilm. „War nicht in der Nähe auch dein Reisebüro, Olly?“ – „Genau. Direkt daneben hatte ich in den 80ern mein Reisebüro Am Bach. Kunden, die warten mussten, konnten sich die Getränke im *Meddos* auf den ‚Deckel Reisebüro‘ holen. Oder die Gäste vom *Meddos* hatten plötzlich Reisefieber und kamen ins Reisebüro Am Bach – damals schon eine Win-Win-Situation.“

In den 80er-Jahren werden im *Meddos* die ersten Musikvideos in Bielefeld gezeigt. Lothar Remke übernimmt das Lokal; in seiner Kneipe *Galerie* neben *Biermanns Weinstuben* am Klosterplatz und im *Meddos* ist immer volles Haus, weil man hier Musik nicht nur hören, sondern auch sehen kann.

Götz Alsmann tritt mit seinen Sentimental Pounders oft in Bielefeld auf, gern im *Meddos* und bei Armin Burgmann im *Augustus*.

„Am Wochenende wackelten bei Margret die Lampen."

„Vorher waren in der *Deele* die *Ritterstuben*", sagt Joachim Trewin, Anzeigenchef beim TOP Magazin Bielefeld/OWL. Sein Vater Robert George Trewin hatte damals das Lokal: „Ich musste als Jugendlicher ab und zu in der Küche und in der Gaststube aushelfen", erinnert sich Jo.

Auch Hans-Ulrich Schmidt kennt noch die *Ritterstuben*: „Das war die Stammkneipe von der BTG-Kränzchenriege, in der meine Mutter war." Ihr Lieblingsgetränk: Bommi mit Pflaume. Pächter ist eine Zeit lang Heinrich Störmer: „Mutter sagte nie: Wir gehen in die *Ritterstuben*. Sie sagte immer: ‚Wir gehen zu Störmer.'"

Das können die Gäste auch bei Auftritten regionaler Bands. So tritt in den 80ern der junge Münsteraner Musiker Götz Alsmann mit seinen Sentimental Pounders mehrfach im *Meddos* auf – vor ein paar Dutzend Leuten!

Wir spenden ein letztes Mal Beifall für die kultige Kneipe und ziehen weiter. Nur wenige Meter um die Ecke liegt die *Deele,* Anfang der 80er-Jahre in den Händen von Angelika Scholz und Rolf Knost. Aus der urgemütlichen Kneipe schauen wir in dieser Zeit hinaus auf den Parkplatz Welle mit Schmidts Rückwarth-Tankstelle und freiem Blick vom *Bach 17* bis zu Radio-Grimm in der Obernstraße. Auch das *Mercure-Hotel,* heute *Golden Tulip,* und das Altstadt-Carree gibt es noch nicht. Beide entstehen Mitte bis Ende der 80er.

Die *Deele* Am Bach 12. Daneben ist einige Jahre das *Fahrschulcafé*. „Hier wartete man auf den Fahrschulwagen, der auf dem Parkplatz Welle hielt", sagt Hans-Ulrich Schmidt.

Margret Wächter und Gerd Brockmann, in den 70ern Laufsteg-Model für Herrenmode, führen die *Deele* 20 Jahre lang.

Theo Stratmann, Sonnenstudio-Inhaber und *Deele*-Stammgast.

„Die *Deele* war das Gegenstück zum benachbarten *König-City*", sagt Brigitte Althoff, einige Jahre selbst Kellnerin im beliebten Lokal: „Wer ins *Köpi* ging, ging nicht in die *Deele,* und umgekehrt."

Genau genommen ist die *Deele* der Prototyp der Altstadt-Kneipe, mit Mittagstisch, Sparfächern und Gästen, die sich und die Bedienung duzen. Mit Margret Wächter, die vorher einige Jahre im *Bach 17* gearbeitet hat, übernimmt 1986 eine Pächterin die *Deele*, die dem Lokal für 20 Jahre ihren ganz eigenen Stempel aufdrückt. Ihr zur Seite steht im Gastraum wie privat Gerd Brockmann. Sein Markenzeichen: ein tadelloser brauner Teint. Den holt er sich bei seinem Stammgast Theo Stratmann, im Hauptberuf Sonnenstudio-Inhaber. An der August-Bebel-Straße gegenüber Tor 6 betreibt

Theo mit dem Karibik eine der ersten Bielefelder Sonnenbänke. Gerd Brockmann ist bekannt für seinen trockenen Humor. „Vorsicht, Freundchen, nur nicht politisch werden", sagt er mit einem Augenzwinkern jedem, der ihn darauf anspricht, dass er „so schön braun ist".

Margrets Sohn Frank, den viele noch aus der *Culisse* kennen, erzählt, wie es damals war: „Die Eltern der Kinder, die in die *Culisse* kamen, waren in der *Deele.*" Das sind Geschäftsleute aus der Obern- und Niedernstraße, Handwerker, Stadtbedienstete, Arbeiter. „Nur Lehrer haben sich nicht hierhin verirrt."

„Die *Deele* war keineswegs die spießige Bierkneipe, wie man anhand des Namens vermuten könnte", sagt Frank. „In der rustikalen *Deele* lief es immer gediegen von 18 bis 22 Uhr mit leiser Musik und Essen. Danach ging es auch so manchen Abend voll ab, nur anders als unter jungen Leuten. Wenn die deutschen Schlager auf richtige Lautstärke gedreht wurden, hielt es keinen der Gäste auf seinem Stuhl. Am Wochenende wackelten hier die Lampen."

Margrets rechte Hand und treue Wegbegleiterin ist Mechthild Schmelter. Sie steht über viele Jahre in der Küche und sorgt für den guten Ruf der *Deele* als Lokal mit bester deutscher Hausmannskost. „Wenn um zehn in der Küche Schluss war, ist sie nach vorn gekommen, bisschen übergeschminkt, und dann ging's weiter."

Meggy übernimmt von Margret die *Deele*, später ziehen hier ein Spanier und ein vegetarisches Restaurant ein.

Wer zu *Deele*-Zeiten diagonal über den Parkplatz guckt, auf dem heute das Welle-Haus steht, der kann erkennen, ob am *Bach 17* noch Licht brennt. In Wirklichkeit ist hier längst alles dunkel. Nur für unseren Besuch öffnen sich ein letztes Mal die Türen der gerade einmal 40 Plätze kleinen Kult-Kneipe.

Bach 17 – eine der ersten In-Kneipen in der Altstadt

Werner Volmert eröffnet 1981 gemeinsam mit Angelika und Rolf Knost *Bach 17* in den Räumen der früheren Fleischerei Reckendorf. Die rustikale Kneipe findet sofort großen An-

Aus einer der ältesten Bielefelder Fleischereien, H. Reckendorf, wird 1981 die Altstadtkneipe *Bach 17*.

klang, ist bald Treffpunkt für Altstadt-Insider: „*Bach 17* mit Bello Volmert war eine der ersten In-Kneipen in Bielefeld", sagt Brigitte Althoff, selbst jahrelang in der Altstadt-Gastronomie tätig. Und *Dixi*-Chef Rüdiger Herfurth meint: „Bello war ein Urgestein in der Altstadt – jeder kannte ihn." – „*Bach 17* war bekannt dafür, dass die Fenster im Sommer immer auf waren, man auf der Straße stand und Bier trank", erinnert sich Brigitte an das kleine gemütliche Lokal mit den schweren Eichenbalken und -möbeln. Und auch Otto weiß: „Das Bier wurde aus dem Fenster rausgegeben, manche gingen gar nicht erst in die Kneipe rein."

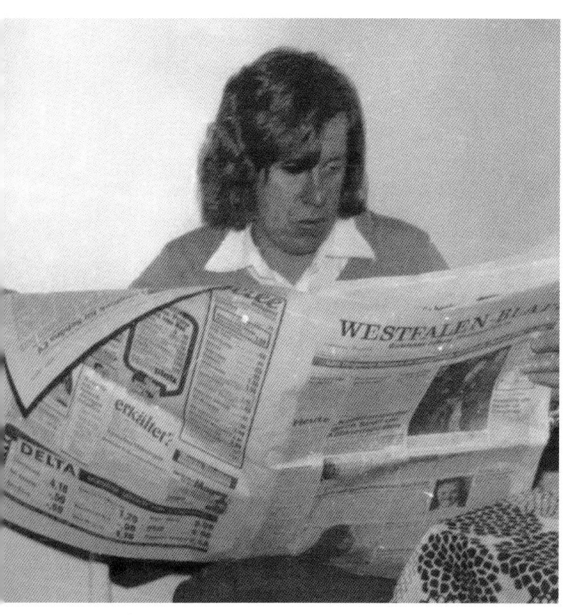

Bello Volmert hat im Hotel *Zur Mühle* in Ummeln gelernt, war dann einige Jahre in Hildesheim. Er übernimmt 1981 *Bach 17*.

Kultwirt Bello zur Seite steht Margret Wächter, die fünf Jahre im *Bach 17* angestellt ist, bis sie 1986 selbst Wirtin wird – in der *Deele* fast in Rufweite schräg gegenüber. Der Grund:

Freier Blick von *Bach 17* Richtung *Deele*. Heute steht auf dem Parkplatz mit Schmidts Rückwarth-Tankstelle das Welle-Haus.

Bello ist schwer erkrankt und muss sein Lokal abgeben. Später arbeitet er noch im *Dixi*. Als Bello einige Zeit darauf stirbt und das Geld für die Beerdigung nicht reicht, springen frühere Gäste ein – eine große Geste der Freundschaft zu Bielefelds beliebtem Wirt.

Heinz Reischl führt das Lokal ab 2002. Nun hat die Kneipe schon einige Wirte gesehen, und auch das Publikum hat sich etwas verändert, wie Heinz erzählt. „*Bach 17*, das waren Leute wie du und ich, die Nachbarschaft, Nachtschwärmer, Arminia-Fans. Jetzt kamen auch Hooligans und andere Krawallmacher."

Für letztere hat Heinz eine Geheimwaffe: Onkel Manni. Bei ihm hören selbst die schlimmsten Radaubrüder aufs Wort. Onkel Manni heißt mit bürgerlichem Namen Manfred Köhler und ist Zapfer – bei Biggi im *Lindenkeller* und im *Bach 17* bei Heinz: „Onkel Manni war eine Institution in der Kneipenszene. Der hatte allein durch seine sanfte Art die Krawallbrüder fest im Griff."

Ein weiterer Pächter ist Johannes Werkle. Er nennt die Kneipe *Hannes Kröger*. Drei Tage nach der Eröffnung stirbt er. 2008 übernimmt Teresa Eickermann *Bach 17*. Sie knüpft an den Erfolg ihrer Vorgänger an, muss aber wegen fortwährender Streitigkeiten mit der Stadt im Sommer 2018 *Bach 17 – bei Teresa* schließen.

Jetzt drehen auch wir den Schlüssel ein letztes Mal um – *Bach 17* ist Geschichte. Uns zieht es weiter. Einmal diagonal über die Straße, und schon stehen wir vor dem *Dr. Litfaß*.

An der Welle wartet schon die Polizei

Jörg Pätzold, jahrelang Geschäftsführer bei Tüddi im *Dixi*, erfüllt sich 1987 den Traum von einer eigenen Musikkneipe im Souterrain des *Mercure-Hotels* links neben dem Parkhaus. Gemeinsam mit Frank Michler, vorher viele Jahre Kellner im *Dixi*, sorgt er dafür, dass der Laden jeden Abend voll ist.

„Frank Michler war der erste In-Kellner im *Dixi*. Ganze Cliquen haben bei ihm Asbach-Cola getrunken", erinnert sich Doris Rogatty, selbst lange im *Litfaß* und später im *Bogart's* am Kesselbrink. „Jörg Pätzold und Frank Michler eröffneten am 3. April 1987 mit einer großen Feier das *Dr. Litfaß*. Nach nur wenigen Tagen hatten wir Bedienungen einen großen Stammkundenkreis." Petra Wegen, Annette Schulz, Doris, Mustafa und Thilo bedienen, DJ ist Thomas Diekmann, Zapfer Rainer Pörschke. „Jörg stand meistens an der Tür und schaute, wer reindurfte", sagt Doris.

Das *Dr. Litfaß* ist ein Volltreffer – Doris: „In den ersten zwei Jahren war das *Litfaß* eine Ernst zu nehmende Konkurrenz insbesondere für Tüddi nebenan."

Weil Jörg im *Litfaß* so viel Geld verdient, kauft er sich einen 7er BMW. Dabei hat er nicht mal einen Führerschein. „Darum fuhr er immer nur in der Tiefgarage des *Mercure* spazieren", erzählt Gastronom Frank Heck aus dem Nähkästchen. „Einmal musste Jörg aus der Tiefgarage raus zum Tanken, fuhr nur nach nebenan an die Welle zur Rückwarth-Tankstelle. Sofort stand die Polizei hinter ihm und zeigte ihn wegen Fahrens ohne Führerschein an."

Uli Fuchs und Frank Michler im *Dr. Litfaß* mit der Litfaßsäule.

Obwohl *Dr. Litfaß* gut läuft, eröffnet Jörg bald das *Confetti* in den Räumen des heutigen *Rock-Cafés*. Doris Rogatty: „Damit zog er sich teilweise seine eigenen Gäste aus dem *Litfaß* ab."

Und weil das *Confetti* nur um die Ecke ist, schauen wir uns das gleich mal an. Die Eröffnungsfeier soll der Knaller gewesen sein.

Kein *Confetti* für Ulli

Frank Heck zählte einst zu Bielefelds schnellsten Zapfern. Denkt er an die Eröffnung des *Confetti*, kommen ihm heute noch die Tränen vor Lachen: „Jörg hatte viele Gastronomen der Altstadt zur Eröffnung eingeladen und ihnen angekündigt: ‚Leute, zur Eröffnung habe ich den besten Zapfer von Bielefeld – Ulli! Der beste Zapfer? Das konnten wir nicht einfach so hinnehmen. Jochen Hartmann sagte: Ulli, mach mal 10 Bier. Dann kam ein anderer und wollte auch 10 Bier. Und noch einer, und noch einer ... Am Ende hatte Ulli in wenigen Minuten eine Bestellung über 150 Bier, die er natürlich gar nicht alle zapfen konnte. Er kämpfte tapfer, gab aber nach 3 Stunden entnervt auf und Jörg musste ihn auswechseln."

Christine bedient im *Confetti*.

Doris Rogatty bedient, Reiner Pörschke zapft im *Dr. Litfaß*.

Frank Heck und Lothar vom *Dixi*.

Anders als das *Dr. Litfaß* öffnet das *Confetti* tagsüber und zieht vor allem ein junges Publikum an – und das kommt massenweise vom Bavink und dem Rats. Sie bekommen bei Christine, Natti und Eddie alles, was das Schülerherz begehrt.

Der *Rabe* ist eine gutbürgerliche Speisegaststätte.

Nach einiger Zeit gibt Jörg das *Dr. Litfaß* ab. Sein Leben nimmt ein jähes Ende. Er stirbt wenige Jahre später unter tragischen Umständen nach einem Sturz von der Leiter.

Jörg Pätzold hat das *Confetti* und das *Dr. Litfaß*.

Vom *Litfaß* zum *Lindenkeller* ist es ein kurzer Weg. Doch zwei Mal müssen wir halt machen: Zum einen grüßen wir in den *Raben* hinein, die gutbürgerliche Speisegaststätte im Altstadt-Carree. Das neue Wohn- und Geschäftshaus schließt Mitte der 80er-Jahre die letzte große Baulücke des Zweiten Weltkriegs in der Altstadt. Zum Zweiten gibt es im Altstadt-Carree in den späten 80ern und 90ern einen Geheimtipp auf kaum 50 Quadratmetern: *Käse-Jürgen*.

Roquefort und Rotwein

Er ist ein Exot in der Altstadt. „*Käse-Jürgen* hieß eine exquisite Weinstube mit Käseverkauf. Jürgen war ein eleganter Typ und wollte französische Lebensart in Bielefeld bekannt machen", weiß Stefan Rinne.

Ein Käseladen mit Ausschank – es sollte was Exklusives für die Altstadt sein. Und entsprechend begrüßen Inhaber Jürgen, zuständig für Bedienung und Ausschank, und seine Mutter Elfriede, die den Laden in Schuss hält und die Küche verwaltet, ein handverlesenes Publikum: „*Käse-Jürgen* war einer der ersten Szeneläden in Bielefeld", sagt Klaus Kammler, der als Wirt von Lokalen wie *Wall 3* und *Bei Klaus* Bekanntheit erlangt: „Hier verkehrten Ärzte, Immobilienmakler, Banker." Doch die Sache hat einen Pferdefuß, und es ist kein Geheimnis, dass Jürgen zwar sehr gute Weine führt, diese aber auch selbst sehr schätzt und des Öfteren schon am hellichten Tage verkostet, gern in Gesellschaft seiner Freunde.

Noch in Gedanken, was Bielefeld entgangen ist, verlassen wir das Altstadt-Carree. Unser nächstes Ziel liegt nur einen Steinwurf entfernt, sein Name lässt jeden Bavink- und Rats-Schüler – und auch einige andere – wohlig erschaudern: *Lindenkeller*.

Käse-Jürgen und Karin Bösebeck; im Vordergrund Jürgens Mutter Elfriede. Karin bediente die Kunden im Dirndl und mit Zöpfen als Frau Antje aus Holland, erinnert sich Martina Görlitz.

Anfangs Wicküler, in späteren Jahren Barre: der *Lindenkeller* am Durchgang zur Welle ist Generationen von Bielefelder Schülern vertraut.

Schülertreff und Ballerbude

Der *Lindenkeller* hat eine bewegte Geschichte. Und ursprünglich stand er an ganz anderer Stelle. Vor allem herrscht eine kleine Konfusion, was den Namen angeht.

Ulli Muhl erinnert sich an Jugendjahre im *Lindenkeller*: „Bis in die 60er-Jahre war das Lokal dort, wo heute die Rasenfläche der Kunsthalle gegenüber dem Ratsgymnasium ist. Dort stand eine Häuserzeile, darin war der *Lindenkeller*. Ende der 60er wurden die Häuser abgebrochen." Kultwirt Schorse Winter hingegen weiß, dass der *Lindenkeller* (der Neue) vor Ebi Stücken Frau Velhagen gehörte: „Sie hatte vorher das *Lindenstübchen* etwa dort, wo heute der Teich der Kunsthalle ist. Die Häuser wurden abgerissen. Dann kam der *Lindenkeller* an der Welle." Und schließlich bringt Uwe Fastabend Licht ins Dunkel: „Der *Lindenhof* an der heutigen Kunsthalle war eine bürgerliche Kneipe, in deren Keller der *Lindenkeller* war. Den hatte Frau Velhagen. Als das Gebäude um 1965 abgerissen wurde, ging sie an die Welle in den damaligen Neubau und eröffnete im Keller das *Wicküler Eck*. Im Volksmund hieß das Lokal aber *Lindenkeller*, weil alle Frau Velhagen aus dem *Lindenkeller* kannten." Faste ist für einige Zeit Teilhaber am *Wicküler Eck*: „Wann genau und von wem es in *Lindenkeller* umbenannt wurde, lässt sich nicht mehr sagen."

Karl Richter (Bild links) und Rüdiger „Turbo" Meyer sind lange Zeit nicht aus dem *Lindenkeller* wegzudenken.

Im neuen *Lindenkeller* arbeitet in den Anfangsjahren Waltraut. „Sie war legendär", sagt Pecki Nippel, der gerne nach der Schule im Lokal im Untergeschoss des Wohnhauses am Bunnemannplatz sitzt: „Waltraut hatte immer einen Kittel an und war eine Autorität. Wer von uns Schülern bei ihr nicht parierte, war nicht lange Gast."

In den 70ern übernimmt Roland Deppe das Kellerlokal. Der Legende nach gewinnt er ihn: „Der *Lindenkeller* gehörte in den 70er-Jahren Eberhard Stücken", sagt Schorse Winter. Doch eines Tages, so erzählt man sich in Bielefeld, hatte Ebi Pech beim Billardspielen und verlor den Laden an Bomber Deppe. Bei ihm zapfen Karl Richter und Schorse den Gästen ihr Bier, Thomas Scheffler, Harry Westerwinter und viele andere bedienen. Vor allem lieben die Gäste den *Keller* wegen seiner Pizza, zu der Zeit eine kleine Sensation: Pizza – nicht vom Italiener! Und natürlich stehen überall Tropfkerzen auf den Tischen – weil es so schön romantisch ist!

Wer die *Lindenkeller*-Pizza erfunden hat, daran scheiden sich die Geister. Die einen sagen: Karl Richter. Eine andere Version besagt, dass ein Spanier auf der Durchreise seinen Deckel nicht bezahlen konnte und dafür das Rezept dagelassen hat. Egal, eines steht fest: Sie ist extrem lecker! Karl Richter und Turbo Meyer stehen im *Lindenkeller* meist in der Küche und machen Pizza, auch Pecki Nippel hilft hier aus. Schorse: „Oft hat jeder alles gemacht, damit der Laden lief."

„Olly, erzähl mal, das Lokal war doch auch Zwischenstation auf dem Weg zur Alm, oder?" – „Im *Lindenkeller* traf man sich jeden zweiten Samstag vor dem Heimspiel von Arminia. Alkohol durfte nicht mit ins Stadion genommen werden, darum füllten die Schlachtenbummler in Liter-Flaschen halb Cola und halb Korn – CoKo genannt. Und dann ging's auf die Alm, immer auf Block 6 Mittellinie, bei Wind und Wetter, ohne Dach und nur Stehplatz. Karl Richter organisierte alles und besorgte die Jahreskarten."

Das geht viele Jahre so, bis die Tribüne gebaut wird: „Danach hatten wir alle auf der Gegenseite einen Sitzplatz. Es war schick und gehörte zum guten Ton, samstags auf die Alm zu gehen. Hier hatten viele bekannte Geschäftsleute und die gesamte Gastro-Szene von Bielefeld und Umgebung einen Dauerplatz. Sehen und gesehen werden – das war für viele Bielefelder wichtig."

Rainer Jäschke übernimmt 1979 den *Lindenkeller* und macht daraus das Szenelokal *Dr. Coq.* Doch die Gäste wollen ihren alten *Lindenkeller* wieder zurück. Rolf Gieselmann übernimmt die Kellerkneipe 1982 mit seinen Freunden Goddy (Godwin Salins) und Manfred Krüger, die vorher in den *Klosterstuben*

Der alte *Lindenkeller*, wie ihn viele in Erinnerung haben.

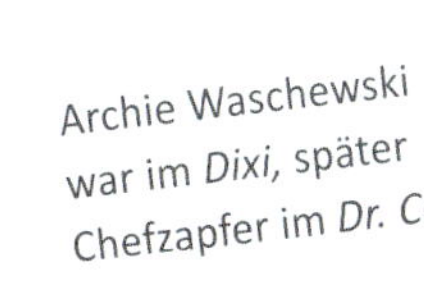

Archie Waschewski war im *Dixi*, später Chefzapfer im *Dr. Coq.*

gearbeitet haben. Einige Jahre später betreibt Rolf Gieselmann gleichzeitig den *Raben* nebenan, bevor er ins *Alt-Bielefeld* wechselt.

„Im *Lindenkeller* gab es, wie in vielen anderen Kneipen Ende der 70er, Blaubeerkorn von der Brennerei Dreesbeimdieke. Damit das Bier nicht so trocken runtermusste, wurde dieses leckere Getränk dazu gereicht", sagt ein alter *Lindenkeller*-Gänger. „Ich hatte gerade einen schönen weißen Pullover vormittags in der Modetenne bei André gekauft, abends war er mit einem Tablett Blaubeerkorn bicolor veredelt."

Geht es tagsüber mit den Schülern der benachbarten Gymnasien und den Studenten halbwegs gesittet zu, so ändert sich das nachts gründlich. Ede Kolenda, damals Geschäftsführer der *Klosterstuben*, erinnert sich an wilde Nächte in den 80er-Jahren: „Bis 23 Uhr war der Laden oft ziemlich leer, aber dann ging's los. Um 1 Uhr wurde die Tür abgeschlossen; wer dann reinwollte, der musste sich Mühe geben."

Für echtes Party-Feeling sorgt nachts gern Elli Pyrelli, Stammgast aus Altenhagen: „Sie hat sich immer sehr freizügig aufgeführt und dabei viel Spaß gehabt", sagt ein alter *Lindenkeller*-Gänger.

Wer nachts in den *Lindenkeller* möchte, der muss anrufen. Nochmal Ede: „Wo heute das *Golden Tulip* steht, gab es auf dem Parkplatz eine Telefonzelle. Wenn abgeschlossen war, rief man von da unter 61775 beim *Lindenkeller* an und sagte Goddy: ‚Mach mal auf!' Wer reindurfte, der konnte was erleben. Um 1 Uhr wurden die Bierhähne abgeschraubt, dann gab es nur noch harte Sachen. CoKo gab es immer, Goddy trank immer den Gebumsten (Osborne-Cola)." Später hat Goddy eine Klingel statt des Telefons.

1998 übernimmt Brigitte Beutling den über die Jahre müde gewordenen *Lindenkeller*. Da-

„Mach mal auf!": Wer nachts 61775 wählt, dem öffnet Goddy die *Keller*-Tür.

Biggi und Ehemann Udo Beutling sind die letzten Pächter im *Lindenkeller*.

neben führt die rührige Wirtin das *König-City*, das jetzt *Bei Biggi* heißt. Doch im Gegensatz zu der gemütlichen Altstadtkneipe ist der *Lindenkeller* jetzt ein echter Ramba-Zamba-Schuppen. „Wir haben den Laden wieder richtig aufleben lassen", sagt Biggi.

Dabei hat sie ein As im Ärmel: Onkel Manni. Ganz Bielefeld kennt den freundlichen Tausendsassa, der uns gerade in *Bach 17* begegnet ist. Dass Manfred Köhler eine besondere Rolle in Biggis Leben spielt, weiß kaum einer: „Onkel Manni war mein richtiger verwandtschaftlicher Onkel, und er hat alles, was zu tun war, im *Lindenkeller* getan: zapfen, Musik auflegen, Streits schlichten."

Bei Biggi geht es nachts hoch her – Biggi: „Der *Lindenkeller* wurde Ballerburg genannt, er war meistens bis 6 Uhr offen.
Hier konnte man alle treffen, die
in der Innenstadt unterwegs waren und noch nicht nach Hause wollten. Bis morgens wurde abgefeiert, danach gings irgendwohin zum Frühstück. In der Innenstadt war der *Lindenkeller* die einzige Kneipe, wo man so richtig die Sau rausließ. Selbst zu den Taxen haben wir am Telefon immer nur gesagt: Ich brauch mal einen für die Ballerburg."

Na dann, komm mal zur Ballerburg und hol uns hier raus, rufen wir dem Taxifahrer in den Hörer. Ein langer Spaziergang ist zu Ende, nicht weit vom *Lindenkeller* geht es gleich weiter.

Tore, Titel, Meisterschaft – viele Kneipen haben eine eigene Elf

Jede Kneipe, die etwas auf sich hält, hat eine Fußballmannschaft. Gespielt wird immer Samstagnachmittags. So mancher Thekenelf gehören gestandene Bundesligaspieler wie Uli Braun, Dammi Damjanoff, Frank Pagelsdorf und Keite Giersch an. Was allerdings stets für Ärger sorgt, weil gegen die Arminen kaum jemand ankommt. Doch kann niemand etwas dagegen tun, denn die Bundesligaspieler sind Gäste in den Lokalen und nach den Regeln spielberechtigt.

Kultwirt Karl Richter ist Torwart bei den „CoKo-Rangers": „Kneipenmannschaften waren Vorläufer der Wilden Liga. In den 70er/80er-Jahren hatte Bielefeld etwa 50 Kneipenmannschaften. Jedes Jahr gab es diverse Turniere mit sechs bis acht Teams. Die Gewinner erhielten einen Pokal, der dann im jeweiligen Lokal einen Ehrenplatz bekam."

Die Mannschaft der *Ollen Pumpe* heißt „Lokomotive Nettelbeck". Vor dem Anstoß ruft der Spielführer: „Wir grüßen unseren Gegner mit einem kräftigen: Lokomotive!" Die Mannschaft erwidert: „Puff-Puff!"

„CoKo-Rangers" nennt sich die Auswahl des *Lindenkellers*. Ihr gehören um 1977 an: (obere Reihe von links) Klaus Spilker, Diethard von Boenigk, Holger Schildmann, Steffen Meinert, Detlef Hilges, Klaus Sargasser, Klaus Richter, Karin Ebeling, Andreas Schwarz; unten von links: Friedrich Bohnenkamp, Thomas Scheffler, Thomas Pankoke, Burkhard, Reinhard Sargasser, Karl Richter (im Parka). Die unteren beiden Spieler sind nicht bekannt.

Die Mannschaft, die in Warna Aufsehen erregte. Unter anderem auf dem Bild: Peter Rudolf, Heinz Tümmers, Michael Grahl, Keite Giersch, Andreas Stockhus, Rolf Nölle, Klaus Kammler, Wolfgang Nottebrock, Uwe Gedlich, Bernd Naschke, Werner Kerfin.

Michael Grahl erzählt, wie eine Auswahl Bielefelder Kneipen-Fußballer in Warna am bulgarischen Goldstrand Urlaub macht und zu vorgerückter Stunde erzählt, sie seien Profis, einige von ihnen sogar in der Nationalmannschaft: „Mit dabei waren die Ex-Arminen Bernd Naschke und Keite Giersch, außerdem Dieter Bollweg, Mucki Quermann, Klaus Becker, Jochen Stock vom Krümel, ich und einige andere. Ich weiß nicht, wer es war und was ihn geritten hatte, jedenfalls prahlte plötzlich einer damit, Profifußballer zu sein. Das machte wie ein Lauffeuer die Runde und kurze Zeit später erhielten wir die Einladung vom lokalen Verein zum Freundschaftsspiel. In Warna wurde plakatiert, die nahmen das richtig ernst. Wir zogen 7000 Zuschauer ins Stadion. Die meisten von uns waren allerdings reine Amateure. Und so mussten Keite und Bernd Naschke retten, wo es ging. Ich weiß noch, wie Nuschek Harry Görlitz zurief: ‚Harry, wenn du den Ball hast, sofort zu mir!'"

Die Sitzung von *Olle-Pumpe*-Mannschaft „Lokomotive Nettelbeck" findet in bescheidenem Rahmen zwischen Treppe und Toilettenabflussrohr statt.

RUNDGANG 3

Alle Wege führen zum Dixi

Der nächste Spaziergang beginnt mit einem Streit. Nein, nicht wir, natürlich nicht. Olly und ich streiten nicht. Naja, manchmal knurren wir uns an, aber nicht lange. „Stimmt's, Olly? Drei Sekunden vielleicht." – „Zehn", knurrt Olly zurück. „Gut, sieben." – „Okay, sieben." – „Sag ich doch: fünf." – „Knurr."

Im Schilderwald bei Männix

Wir stehen an der Welle zwischen *Dixi* und *Lindenkeller*, vor einigen Jahrzehnten Schauplatz einer bizarren Namensdoppelung.

Rainer Sobotta ist hier Wirt im *Spökenkieker*, den er nach einiger Zeit abgibt. Anschließend geht er in die Breite Straße, Ecke Papenmarkt, in die vorherige Gaststätte *Laterne*, eine gute Speisegaststätte mit gehobenem Ambiente, wie uns Schwimmmeister Rainer Sauthof erzählt.

Gut essen kann man schon im *Spökenkieker* an der Welle, auch hat Rainer gutes Bier im Fass und dementsprechend einen guten Ruf. Und den möchte er nicht einfach so aufgeben. Deshalb nennt er sein neues Lokal am Papenmarkt kurzerhand *Zum Spökenkieker*.

Rainer Sobotta, hier beim Oktoberfest im *Dixi* mit *Dixi*-Köchin Else.

Und so passiert es, dass es in 200 Meter Abstand zwei Spökenkieker gibt: den neuen von Rainer Sobotta und den alten, den nach Rainer Dorothee Roth betreibt.

Unikum-Wirt Männix heißt mit bürgerlichem Namen Hermann Konrad Männich.

„Am *Spökenkieker* an der Welle kam man nicht vorbei, wenn man eine ‚Rein-Tour' (Da mal rein und da mal rein) veranstaltete. Hier konnte man günstig vorglühen fürs *Dixi*, weil da alles etwas teurer war", sagt ein früherer *Spökenkieker*-Gast. Und Michael „Otto" Lamass weiß: „Dorothees Vater machte die besten Soleier in ganz Bielefeld."

Beliebt ist auch *Spökenkieker*-Vorgänger *Unikum*. Das besteht zwar nur von 1978 bis 1980, doch in dieser Zeit erobert sich Wirt Männix ein treues Publikum. Auch er hat als Bestandteil der einfachen Küche Soleier im Glas auf der Theke – für 80 Pfennig das Stück –, doch die Spezialität des Hauses sind Männix-Burger: „Der Männix-Burger bestand aus einem Brötchen, belegt mit Sauerkraut und einer Bockwurst", erinnert sich Gabi Gerke.

„Das *Unikum* war ein Gemisch aus Studentenkneipe und Kneipe für Normalbürger", sagt Wilfried E. Staemmler. Er arbeitet bei Männix als Kellner, um sein Studium zu finanzieren: „Häufig kamen auch Leute von der Johannislust, das *Unikum* lag ja nicht so weit von der Lust entfernt, die haben hier ordentlich gefeiert und gesoffen."

Wilhelm von der Johannislust, der als Arbeiterkind aus Kiel nach Bielefeld kommt und sich hier durchboxen muss, Kläuschen, Zwerg und alle anderen von der Lust – wo sie auftauchen, gibt es schnell mal Reibereien. Insbesondere, wenn eine weitaus kritischere Klientel gleichzeitig auf den Plan tritt: die Leute von Klein Korea, dem Gebiet oberhalb des Lipper Hellwegs. Goofy, Schatten, Schieber, allen voran Peppi, der eine wichtige Rolle in der Bande spielt. Peppi ist immer mit einer Handvoll Leuten unterwegs. Wilfried: „Die

Stillleben mit Pils: Wilfried E. Staemmler kellnert in den 70er-Jahren im *Unikum*.

konnten sich nicht mit denen von der Lust. Wenn sie kamen, war das manchmal ein etwas explosives Gemisch."

Außer dem *Unikum* hat Männix für einige Zeit das *Café Prost* an der Stapenhorststraße. Und er ist in den Jahren vor Hussy eine Zeit lang im *Sammelsurium*, das später in *Extra* umbenannt wird (s. S. 23). Doch Männix sammelt nicht nur Kneipen. „Seine große Leidenschaft waren Schilder jeder Art und Größe", erzählt uns Wilfried. „Das ganze *Unikum* hing voller Werbeschilder für Getränke, Zigaretten, Waschmittel ... Von Hussy, mit dem er gut befreundet war, hat er mal ein Schild vom Bahnhof Isselhorst geschenkt bekommen, wo Hussy den Live-Schuppen *Odeon* hatte."

Ein Wegweiser zum *Dixi* ist leider nicht in der Sammlung, aber den hätten wir auch nicht wirklich gebraucht. „Oder was, Olly?" – „Ach was, alle Wege führen zum *Dixi*. Ist ja nun gleich nebenan. Lass uns mal aufbrechen, Tüddi wartet schon."

Im *Dixi* tanzt halb Bielefeld

Nach der *Eisenhütte* in der Marktstraße und dem *Old Crow* in der Obernstraße machen Rüdiger und Monika Herfurth mit dem *Dixi* in den 70er-Jahren aus dem heruntergekommenen *Deutschen Haus* einen Treffpunkt freundlicher Leute.

Tüddi Herfurth legt Wert auf melodiöse Musik und gepflegte Gastlichkeit. Als DJ hat er Lothar Buttkus engagiert, der von 1983 bis zu seinem Tod im August 2018 auch Stadionsprecher auf der Alm war.

Und wo Lothar ist, ist der Rest von Arminia nicht weit. „Das *Dixi* war ein Arminenlokal", sagt Tüddi. „Mannschaft, Vorstand, Geschäftsführung – alle waren regelmäßig bei uns."

Uli Büscher, Christian Sackewitz, Norbert Eilenfeldt, Uli Stein – sie gehen gern ins *Dixi*, um sich von den anstrengenden Abstiegen auszuruhen. Nur Trainer Dieter Tippenhauer bleibt dem *Dixi* fern: „Er kam lieber mit dem Arminia-Vorstand in die *Klosterstuben*", sagt *Klosterstuben*-Chef Ede Kolenda. „Die Arminen rutschten im *Dixi* reihenweise unter die Theke. Das wollte der Trainer sich vielleicht nicht anschauen."

Das *Dixi* – Bielefelds beliebte Party-Location. Auch Karneval wird hier groß gefeiert.

Jonny Hey (links) im *Dixi*. Der Mittelfeldspieler kam 1974 vom MSV Duisburg zur Arminia.

Geh weg mit deiner Fluppe! Tüddi will nicht rauchen (ist natürlich bloß Spaß).

Das *Dixi*-Team Anfang der 80er-Jahre im typischen Look der Zeit.

Anfang der 80er-Jahre wandelt sich das Publikum, weiß Petra Maler: „Der Ton wurde lauter und rauer." Darum kommen ab 1986 Türsteher zum Einsatz: erst Bello Volmert, dann Horst Mallet, den später professionelle Türsteher ablösen.

Tüddi, Monika und die Türsteher schauen genau hin, wer das Lokal betritt. „Es kamen nur Leute rein, die gepflegt aussahen", sagt Petra Maler. Wie im *G-Haus* herrscht auch im *Dixi* Turnschuhverbot. Nur manchmal gibt es eine Ausnahme. Kultwirt Martin Stiller erinnert sich: „Ich wollte mal mit Turnschuhen ins *Dixi*. Monika sagte zum Türsteher: ‚Den darfste reinlassen. Ausnahmsweise.'"

Petra macht die hintere Theke neben Lothars DJ-Pult und ist jahrelang fester Bestandteil der *Dixi*-Mannschaft. Zu der gehören auch Daggy an der vorderen Theke, Dolf Schlechtriem als Zapfer im Saal, Archie und Jörg Pätzold, die ebenfalls zapfen, die Bedienungen Lilli im *Dixi*-Stübchen, Meggy Schmelter, Anne Meier, Nicole, Annette Schulz, Doris Rogatty, Edith, Pit, Rainer Sobotta, Zapfer Rainer Pörschke, Köchin Else, später Irmela und Willi Teuber, der für die Technik bei Live-Musik verantwortlich ist.

Jörg Pätzold mit Petra Gieselmann und Lilly Höke im *Dixi*-Stübchen.

Petra erinnert sich an tolle Abende im *Dixi* und originelle Ideen ihres Chefs, um das Publikum bei Laune zu halten: „Jede Woche gab es eine Verlosung. Tüddi hatte da keine Berührungsängste. Mal verloste er ein Pferd, mal ein Schwein, mal ein gebrauchtes Auto.“ Sowas hatte er schon in seinem *Old Crow* in den Jahren zuvor gemacht. Jeden Montag war dort Hitparade mit Verlosung und Damenwahl.

500 DM gewinnt, wer den Wettbewerb um das M-1-Girl für sich entscheidet.

Kult-DJ Lothar.

Lieblings-DJ der Bielefelder ist Lothar. Nicht zuletzt, weil er alle Publikumswünsche erfüllt – egal, wie oft ein Lied am Abend gewünscht wird. Und weil der sympathische Lockenkopf in Bielefeld bekannter ist als der Bürgermeister, hat ihm das Westfalen-Blatt in der „Bielefeld am Sonntag“ sogar eine eigene Kolumne spendiert: Unter der Überschrift „Lothars Disco-Ecke“ gibt der Chef-Aufleger vom *Dixi* Woche für Woche Plattentipps.

Lothar hat anscheinend nie Urlaub: Egal, ob Party, Weihnachtsfeier oder der beliebte Karneval – der DJ legt zu besonderen Feten genauso routiniert wie im Tagesgeschäft auf. Nur an einem Tag im Jahr hat er Sendepause, weiß Petra: „Karfreitag gab es keine Musik im *Dixi*. Das war ein bisschen gruselig, so kannten wir es nicht. Es waren nur Stimmen im Lokal zu hören. Aber Lothar war trotzdem da.“

Alle Aktionen im *Dixi* werden per Flyer angekündigt – handgeschrieben. Unvergessen sind die Live-Auftritte von Stars wie Jürgen Drews und Ibo, später Wolle Petry und Olivia Jones sowie die weit über die Stadtgrenze hinaus beliebten Karnevals- und Silvesterpartys. Petra: „Das waren die schönsten Feiern. Die Leute standen Schlange bis zum Waldhof.“

Tüddi Herfurth gibt das *Dixi* in den 80er-Jahren an Rolf Jüngling und Wolfgang Lohmeier ab, denen zeitweise auch das *Bogart's* und das *Confetti* gehört. 1990 übernimmt Rainer Jäschke und betreibt das *Dixi* einige Jahre, am Anfang noch erfolgreich, doch das Kon-

Heizt 1985 mit seinem Hit „Ibiza“ das Inselfieber so richtig an: Ibo im *Dixi*.

Auch der Leineweber stattet Leo gern einen Besuch ab.

zept lief sich aus. Das *Dixi* ist Geschichte, für uns ist es Zeit, zu gehen. Wir verabschieden uns in Richtung Klosterplatz und sehen schon von weitem Leo Preuß in der Tür stehen. Der Wirt vom *Alten Gässchen* in der Klasingstraße winkt erwartungsfroh, und wir kehren kurz auf ein gutes Altbier ein.

Leo ist kein Bielefelder Urgestein, er kommt aus Dortmund. Genauer gesagt aus Wambel. Und dort ist er in jungen Jahren Radrennfahrer gewesen. Bis zum deutschen Meister hat es der rührige Wirt gebracht, und auch an Weltmeisterschaften hat er teilgenommen.

Ein Schlürschluck bei Leo zum Ende des Kapitels, und wir gehen nach Hause. Ein kurzer, aber erlebnisreicher Kneipenbummel neigt sich dem Ende zu, und nicht minder spannend geht es beim nächsten Mal weiter.

RUNDGANG 4

Im ganzen Nordwesten bekannt: der Klosterplatz

Geht es in der kleinen Klasingstraße eher beschaulich zu, so ändert sich das am Klosterplatz schlagartig.

Klein-Paris im *Papillon*

Nur ein paar Schritte vom *Alten Gässchen* entfernt eröffnet Rainer Jäschke 1975 das *Papillon* am Oberntorwall in den Räumen des vegetarischen Restaurants *Mandala*, das Helge Timmerberg hier ein Jahr lang betreibt. Und macht damit den Platzhirschen *G-Haus*, *Dixi* und *Biermanns Weinstuben* mächtig Konkurrenz. Das *Papillon* ist der Paradiesvogel – oder besser: Paradiesfalter – unter den Bielefelder Kneipen. Chef an der Theke ist Heinz-Georg Winter und sein späterer langjähriger Geschäftspartner, der damalige Soziologiestudent Martin Stiller. Er kommt 1978 dazu, als Geschäftsführer der neu eröffneten *Klosterstuben* in den Räumen der ehemaligen Schraubenhandlung Otto Penselin.

„Das *Papillon* war so beliebt, weil es dem französischen Bistro nahekam", sagt Uwe Modest, einige Jahre im *Papillon* tätig und später mit der *Pinte* in der Rohrteichstraße einer der Kultwirte der 80er- und 90er-Jahre.

Im *Papillon* trifft sich alles: Studenten mit 14 Semestern nehmen an der Theke Platz, Jungsemester sitzen an den runden Tischen auf Thonet-Stühlen, vor sich braunes Kaffeegeschirr und die unvermeidliche Tropfkerze. „Für das Papillon hatte ich einige gute Stücke vom Flohmarkt gekauft, unter anderem den großen Lüster in der Mitte des Lokals", sagt Rainer Jäschke. „Die kleinen Wandschränkchen und Thonet-Stühle habe ich direkt aus einer französischen Fabrikation besorgt."

„Das *Papillon* war so französisch, wie sich die Bielefelder Frankreich vorgestellt haben", sagt Uwe Modest und muss lachen, als er die Speisekarte aufzählt: „Es gab Baguette Fromage und Baguette Jambon und natürlich Baguette Special mit beidem. Auch Froschschenkel standen auf der Karte, das war so schön französisch. Die Attraktion war der Mateus Rosé, ein spritziger Roséwein aus Portugal im Bocksbeutel. Wir hatten zwar keine Ahnung von Wein, aber wenn was Besonderes gewünscht wurde, dann empfahlen wir den Mateus. Roséwein wurde auch manchmal aus Weißem und Rotem zusammen in ein Glas gegossen. Wenig französisch, aber sehr

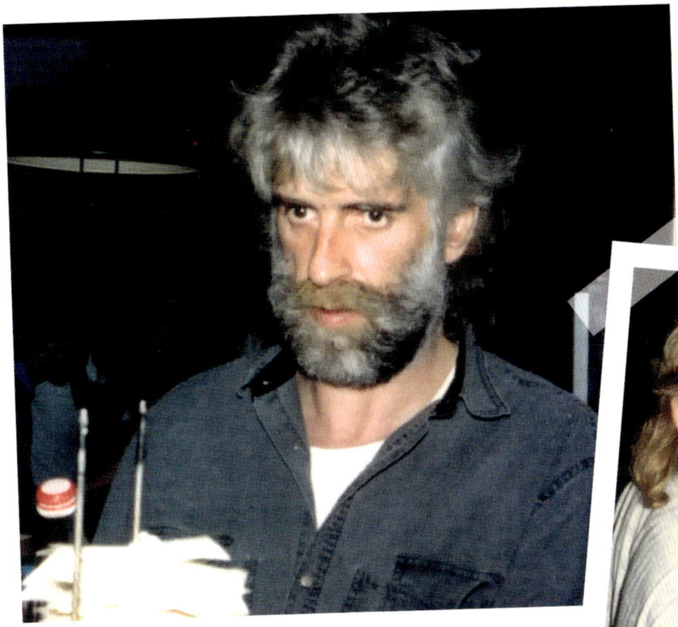

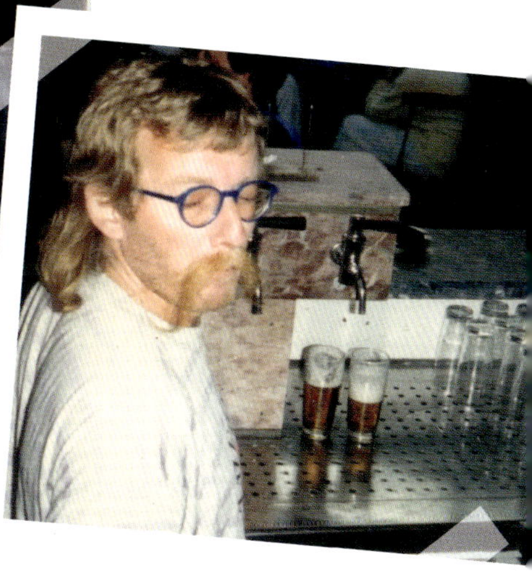

Schon im *Papillon* ein gutes Team: Schorse Winter und Martin Stiller (rechts). Martins Foto wurde im Biergarten seiner späteren Kneipe *Im Siekerfelde* aufgenommen.

ostwestfälisch." Wie in der *Ollen Pumpe*. Und wohl auch bei einigen anderen.

Das *Papillon* verkörpert eine Kneipe neuen Typs, wie es sie in Bielefeld zu der Zeit nicht gibt. „Man konnte durch eine riesige Scheibe reingucken. Es gab weder Butzenscheiben noch Gardinen. Je voller es drin war, desto lieber ging man rein", sagt Uwe Modest.

1978 kommen die von Martin Stiller geführten *Klosterstuben* mit direkter Verbindung zum *Papillon* hinzu. Uwe Modest erzählt von den Anfängen: „Schorse und ich arbeiteten bis 1 Uhr nachts im Papillon, danach tapezierten und strichen wir nächtelang die neue *Klosterstube*. Gegen 6 Uhr morgens schauten wir raus und konnten im neueröffneten *Sams* von Uwe Fastabend noch das Licht in der Tür flackern sehen. Da nahmen wir dann den Absacker der Nacht."

„Die *Klosterstuben* waren beliebt, weil sie gemütlich verschachtelt waren", sagt Ede Kolenda. Er ist seit 1983 Chef an der Theke: „In den *Klosterstuben* waren die Töchter und

Ede Kolenda (links) und Rainer Jäschke in den *Klosterstuben*.

Christine Sander (links) und Heide Sandmann. Im Rückraum mit weißem Hemd: einer der heute bekanntesten Strafverteidiger Deutschlands, damals Jurastudent und Kellner.

Söhne der Bielefelder High Society zu Gast." Beliebt sind die Nachtshows, ab morgens halb drei läuft nur noch Frank Sinatra: „Der Laden war stets rappelvoll."

Papillon und auch die *Klosterstuben* laufen anderen Altstadtkneipen den Rang ab; trotzdem wirft Chef Rainer Jäschke immer ein Auge aufs *Dixi*: „Seine Lokale sollten so erfolgreich sein wie der In-Treff nebenan! Er verstand nicht, wieso dort die Mantafahrer und Friseusen in Garnisonsstärke steppten!", sagt Uwe Modest. Deswegen schickt er Leute los, die

Das Traditionsgespann der Herforder Brauerei vor den *Klosterstuben*.

schauen sollen, was beim Nachbarn läuft: „Rainer gab den Gästen, denen er vertraute, 20 DM und sagte: ‚Geh mal rüber und schau, was da los ist.'"

Findet sich niemand Geeignetes, muss es das Personal richten: „Rainer schickte auch schon mal seinen DJ um 22 Uhr zu Tüddi. Um 2 Uhr kam er zurück, völlig besoffen", erinnert sich Martin Stiller, der sich gemeinsam mit Schorse Winter spätestens mit dem *Siekerfelde* einen Stern auf dem Bielefelder Walk of Fame der besten Wirte erobert hat.

„Besonders beim Leinewebermarkt oder bei großen Arminia-Spielen tobte im *Papillon* der Bär", erinnert sich Uwe Modest und denkt zurück an Arminias Aufstiegsfeier 1978: „Da fielen beide Ereignisse auf einen Tag. Die Leute kamen von der Alm, unsere zehn Tische draußen reichten natürlich nicht. Sie saßen überall auf der ganzen Rasenfläche am Oberntorwall bis hinein in den Fußgängertunnel Richtung des heutigen *Stolander*. Wir hatten nicht genug Gläser und schenkten am Ende Bier in Teegläsern und irgendwelchen anderen Gefäßen aus. Es war alles egal."

Doch am Altstädter Partyhimmel ziehen bald erste dunkle Wolken auf. Uwe erzählt: „1979 kam ich aus dem Sommerurlaub, fragte Rainer, der selber zapfte: ‚Wo sind Schorse und Martin?' Er antwortete: ‚Hör bloß auf, die wollen in der Rohrteichstraße einen Laden eröffnen." Schorse und Martin wollen was Eigenes. Im früheren *Chapeau Claque* von Thomas Schröder planen sie, das Konzept der Altstadtkneipe in die „Vorstadt" zu bringen. Schorse: „Das war die Geburtsstunde der *Pinte*."

Die Zeit indes läuft weiter. Neue Gesichter kommen und gehen. Zahlreiche spätere Bielefelder Gastronomen bedienen in den *Klosterstuben* und in der *Klosterstiege* die Gäste: Michael Klein (*Tangente* mit Peter Schack), Thomas Scheffler und Thomas Dietrich (*Dönekes* in Babenhausen, *Latüchte* in Heepen), Detlef Burkhardt (*Pendel* in Brackwede), Rolf Gieselmann und Goddy Salins, Archie Waschewski (*Zum Raben*), Michael Gurschinski (*Wall 3*), Hamy Basustaoglu (*Puro* am Jahnplatz), Mike König und Achim Fiolka.

Und auch in direkter Nachbarschaft der *Klosterstuben* beginnt so manche Gastro-Karriere: bei Büben Eickhoff. Sein *G-Haus* ist unser nächstes Ziel.

Wo sich der deutsche Nordwesten trifft: das *G-Haus*

Hans Günter Eickhoff pachtet in den 70er-Jahren das *Gesellschaftshaus* von den Gesellschaften Eintracht und Ressource und macht daraus einen weithin bekannten Amüsiertempel. „Ins *G-Haus* kamen sie von überall her, Büben Eickhoff war in ganz Nordwestdeutschland bekannt", erinnert sich Olly zurück an Zeiten, wo nachts in der gesamten Altstadt ein einziges Geschiebe und Gedränge war. „Mit dem *G-Haus* hat sich Eickhoff ein Denkmal gesetzt."

Drei langjährige Bielefelder Gastronomen – Ellen Rodriguez aus *Biermanns Weinstuben*,

Das *Gesellschaftshaus* am Klosterplatz: Restaurants, Discos und Boutiquen machen es weithin bekannt.

Telegraph und *Gran Chaco* – zwei von zehn Lokalen im G-Haus.

Hardy Schneider von der *Insel Helgoland* und Jochen Hartmann vom *Hannen-Fass* – sind sich einig: „Eickhoff hat in der damaligen Zeit die Gastronomie in Bielefeld geprägt."

Gaststätten, Discos, Boutiquen – das *G-Haus* zieht die Gäste magisch an. Autos mit Kennzeichen aus dem Rheinland, dem Ruhrgebiet, Bremen, Hannover und Kassel parken reihenweise auf dem Klosterplatz. Ellen: „Gastronomen aus Essen und Oberhausen brachten ihre Tageseinnahmen mit. Anstatt sie daheim bei der Bank einzuwerfen und ins Bett zu gehen, fuhren die nach Bielefeld, brachen ihre Geldbomben auf und versoffen im *G-Haus* das ganze Geld."

Dass das einträglich ist, versteht sich von selbst. „Büben Eickhoff war der erste in Bielefeld, der einen Corvette Stingray und einen de Tomaso fuhr", sagt Michael „Otto" Lamass. Ebenso leidenschaftlich fährt er Jaguar – knapp zwei Dutzend davon stehen angeblich in der Tiefgarage unter dem *G-Haus*. „Als Eickhoff mit seinem ersten Lamborghini vorfuhr, stand Bielefeld Kopf", erzählt ein früherer Gast. „Da wurde absichtlich einmal die kleine Kneipenrunde gefahren: Ritterstraße, Mauerstraße zurück bis zur Kurve, und dann stand die Bollerkiste auf dem Fußweg. Da gab es was zu gucken fürs Publikum. Und den Wagen hörtest du schon von weitem. Wir nannten es das Kneipenecho."

Seinen Luxusflitzer parkt Bielefelds Discofürst mitten auf dem Bürgersteig, so dass jeder

Hans Günter Eickhoff und G-Haus-DJ Jerry Bürger landen auf ihrer Lieblingsinsel Ibiza.

sieht: Der Chef ist da. Dann heißt es: Ordentlich aussehen, koste es, was es wolle, um die Gesichtskontrolle zu bestehen. Denn: Wer Eickhoff nicht passt, der bleibt draußen. Waver und Grufties haben von vornherein keine Chance, ins *G-Haus* zu kommen, selbst Turnschuhe sind nicht erwünscht.

Im *G-Haus* gibt es alles, was das Herz begehrt: Gaststätten, kleine Kneipen, Discos, selbst ein Kino und Boutiquen fährt Eickhoff auf, um seine Gäste zu erfreuen. Und Dagmar Köster bietet in den Boutiquen Lord John und Lady Jane exklusive Kleidung an.

Jochen Hartmann: „Im Sommer veranstaltete das *G-Haus* ‚Wasser, Feuer und Spiele' im Innenhof. Es gab Bratwürste, einen Springbrunnen, und zu später Stunde kam Gabi Schuck auf einem Schimmel in den Hof geritten. Das war eine Sensation."

Im *Telegraph* trinken die, die sich für vornehm halten, Kaffee auf weichen Lederpolstern oder im Sommer draußen auf der Terrasse. Da sitzt ein exklusives Publikum aus Bielefeld und Umgebung, und es kann durchaus vorkommen, dass inmitten der Gäste die Stars Platz nehmen, die in Bielefeld gastieren: Boney M., Big John Russell, Jürgen Drews, Ivan Rebroff, Peter Maffay.

„Der *Telegraph* sah innen genauso aus wie der *Nachrichtentreff* in Düsseldorf", sagt Otto. Offen bleibt, welcher der Betreiber seinen Laden zuerst eingerichtet hatte.

Der *Telegraph* hat einen Zwilling: den *NT* in Düsseldorf.

Auch das *G-Haus* wird von einer Plage heimgesucht, die lange Zeit in Bielefeld grassiert: Kakerlaken! Hat man sie einmal, sind sie überall. „Bei Eickhoff gab es nicht eine Kakerlake, aber in den Jahren davor waren die im Haus reichlich", sagt Klaus „Holzer" Holzberg, lange Jahre Eickhoffs Geschäftspartner.

Es gibt einen – allerdings nicht verbürgten – Satz von Büben Eickhoff: „Für jede Kakerlake, die ihr mir bringt, zahle ich euch eine Mark."

Mann für alles ist Horst Hille. Bielefelds bekanntester Hausmeister steht bei Eickhoff in Diensten, wird von ihm großspurig als technischer Direktor bezeichnet und ist für jedes große und kleine Problem im *G-Haus* und seinen Satelliten zuständig. Horst Hilles Werke haben einen hohen Wiedererkennungswert. „Eine Theke aus Bahnschwellen – typisch Eickhoff; eine runde Theke mitten im Laden – klare Handschrift von Horst Hille; ein Podest mit Tischen drauf, daneben an einer Wand Sitze – das *G-Haus* hatte einen unverkennbaren Stil", sagt Eickhoffs früherer Mitarbeiter Michael Grahl.

Und auch bei Autos beweist der Allround-Handwerker Geschmack: „Horst Hille war wohl der einzige Hausmeister in Deutschland, der einen Renault Alpine fuhr", erinnert sich Otto: „Wenn Eickhoff sagte: ‚Horst, hol mal Glühbirnen!', dann düste er im grauen Hausmeisterkittel in seinem gelben Alpine mit einem dicken Bündel Bargeld los und holte Birnen gleich im Hunderterpack."

Auf Ibiza treffen sich die Bielefelder gern (von links): Daggy, *G-Haus*-Chef Büben Eickhoff, Rainer Kuhjürgen, Tüddi Herfurth, Rainer Pauk, Monika Herfurth.

Tanja und Klaus Holzberg mit Horst Hille (rechts) auf Ibiza.

Im *G-Haus* besser unter dem Spitznamen Hektor bekannt: Volker Vogelsang, ganz links.

Viele Bielefelder Gastronomen beginnen ihre berufliche Laufbahn im *G-Haus* oder machen hier Zwischenstation. Klaus Kammler hat die Kneipe *Schwejk*, Lothar Remke legt im *Datscha* Platten auf. Michael Grahl übernimmt 1978 das *Datscha*.

Einen noch höheren Bekanntheitsgrad als Hausmeister Hille hat Volker Vogelsang. In Bielefeld heißt er Hektor – „weil er immer so hektisch war", erinnert sich Otto. Sein Erkennungszeichen: das dicke Schlüsselbund. Hektor ist Mädchen für alles. Als Toilettenmann füllt er die Lokusrollen auf, schließt abends ab, macht Botengänge für Eickhoff, der ihn in der Öffentlichkeit völlig ungeniert „mein Diener" nennt.

„Das *Schwejk* war eine spezielle Budweiserkneipe. Das besondere hier war der ‚Beichtstuhl'", denkt Klaus Kammler zurück und gibt eine kleine Einführung in die Kunst des Budweiser-Zapfens: „Das war nicht einfach. Wegen der besonderen Glasform bekam man schwer eine Blume. Nur Könner schafften das."

Ulli Wegener ist Türsteher im *G-Haus*.

Die Fassadenwerbung für das *Papagayo*.

1978 beginnt Ulli Wegener, der später *Ullis Sixties* am Strebkamp eröffnet, als Türsteher in den *G-Haus*-Discos *Papagayo* und *Passpartout*: „Ich stand da in hellgrauen Cowboystiefeln aus Düsseldorf, Lederhose, schwarzem Hemd und Lederjacke, während um mich herum das Publikum in weißen Travolta-Anzügen rumlief, so, wie die Poppertypen eben damals aussahen."

Und während Ulli die Tür bewacht, zapft Jochen Hartmann im *Musikladen,* später im

Das *Papagayo* gibt es zwei Mal: auf Ibiza und in Bielefeld.

Michael Grahl, Doris Halemeier, Ilona Zimmermann und Klaus-Dieter Grau im *Datscha*.

Papagayo. Mit seiner extravaganten Tanzfläche und dem großen Vogelkäfig kommt letzteres Ibiza-Besuchern wohlbekannt vor: „Das *Papagayo* war ein exakter Nachbau des *Glory's* auf Ibiza", weiß Klaus Kammler. Lothar Remke steht hier am Plattenspieler und spielt die neuesten Hits.

Michael Grahl betreibt in den 70er-Jahren das *Bistro* an der Ritterstraße, als ihm Eickhoff 1978 das *Datscha* anbietet: „Das *Datscha* mit Kegelbahn war der bestlaufendste Laden im *G-Haus*, das war eine Beförderung erster Klasse." Das Lokal ist eine typische Altbierkneipe im Düsseldorfer Stil, schön verwinkelt – ein Bistro mit Musik, ähnlich wie das *Dixi*. „Das Besondere am *Datscha* war das Sehen-und-gesehen-werden", sagt Michael. Darum gibt es eine „Laufstrecke" – Sitze an einer Wand, an der jeder vorbei muss und gemustert wird: „Die Plätze waren immer gut besetzt. Das war ein einziges Schaulaufen."

Die Speisekarte im *Datscha* bietet italienische Küche an, doch „man konnte sich auch was aus dem Steakhouse *Gran Chaco* bestellen", sagt Michael. Umgekehrt funktioniert das auch. Ellen Rodriguez: „Im *G-Haus* gab es einen Pizzaläufer. Im Keller wurde die Pizza zubereitet, der Pizzaläufer brachte sie in alle Gaststätten im Haus." Zwei spätere Bielefelder Gastronomen beginnen während des Studiums so ihre Karriere – Achim Fiolka und Mike König.

Lieblingsgetränk der Gäste ist – wie in vielen Kneipen – Asbach. Der wird im *Datscha* aus der 3-Liter-Flasche gezapft, die über der Theke hängt, und von Kellner Klaus-Dieter Grau serviert. Am besten mit einem Alt – das Lieblingsbier der Düsseldorfer ist Ende der 70er/

Auch im *G-Haus* waren in der fünften Jahreszeit die Narren los: Norbert Lassack, Jörg und Erich Hoffmann beim Karneval im Datscha.

Anfang der 80er in Bielefeld groß in Mode: „Wenn die mich ärgern wollten, bestellten sie auf einen Schlag 100 Alt. Da musste man zapfen wie irre. Wir hatten sogar einen Extra-Gläserspüler", sagt Michael Grahl.

Und auch in Sachen Musik müssen die DJs auf Zack sein: Auwa im *Passpartout*, Frank Luber, Lothar Müller, Bom Bom Bahle im *Datscha* und all die anderen dürfen nur auflegen, was total angesagt ist. Ihre Schallplatten kaufen sie mehrmals wöchentlich bei Lorroch in der City-Passage. Weil Bielefeld aber in Sachen Aktualität eher im Mittelfeld liegt, fahren sie – wie ihre Kollegen aus den anderen Discos – oft nach Amsterdam. Hier gibt es das, was in Bielefeld acht Wochen später in die Musikgeschäfte kommt.

Die Platten haben eine kurze Halbwertzeit, danach stehen sie rum – nicht mehr aktuell! „Als ich im *G-Haus* aufhörte, sollte ich 4000 Platten mitnehmen", sagt Michael Grahl.

Apropos Musik. Hier im *G-Haus* beginnt so manche DJ-Karriere. Auwa Thiemann, bekannt für seine witzigen und charmanten Moderationen, ist anfangs im *Passpartout*, später legt er im *Café Europa* und in *Wegeners Tenne* in Gohfeld auf. Ende der 70er schafft Auwa den Sprung ins Fernsehen; gemeinsam mit Kult-Moderator Manfred Sexauer sagt er Stars und Sternchen im Musikladen im ersten Programm an.

„Auwa hätte bei Radio Bremen richtig Karriere machen können, aber der hat alles weggevögelt, was ihm über den Weg lief", sagt Otto, der den DJ gut kannte. „Manfred Sexauer und Regisseur Mike Leckebusch waren deswegen sauer auf ihn, darum kam er bei Radio Bremen nicht weiter."

August-Walter Thiemann (links) beginnt unter dem Namen Auwa seine Karriere als DJ im *G-Haus*.

Nach seiner DJ-Karriere macht Auwa Anfang der 90er-Jahre sein Hobby zum Beruf, wird Veranstalter für Angeltouren und schreibt für große Angelmagazine, unter anderem den „Blinker“. Nach kurzer, schwerer Krankheit stirbt August-Walter Thiemann im Frühjahr 2014.

Nach und nach schließen seit Anfang der 80er-Jahre die Lokale. 1985 ist das *G-Haus* Geschichte. Bielefelds angesagteste Party-Location im Sommer 1988 – ein Bild des Jammers.

Anfang der 80er-Jahre ist die große Zeit des *G-Hauses* allmählich vorbei. 1983 geht Büben Eickhoff pleite, auch neue Betreiber können den Niedergang des Partytempels nicht aufhalten, nur verzögern. Uwe Fastabend erinnert sich an das Ende der Ära Eickhoff: „Immer mehr Leute wandten sich von ihm ab. Eines Nachts brannte die Tiefgarage, viele seiner Fahrzeuge wurden dabei zerstört.“ Am Ende sind noch drei Lokale geöffnet: *Gran Chaco*, *Datscha* und *Mazzo*, die Mitte der 80er auch schließen. Das *G-Haus* brennt Anfang Juni 1989, später wird es umgebaut.

Wenige Jahre nach dem Ende des *G-Hauses* dringen zwei Männer in Eickhoffs Gehöft in Enger-Oldinghausen ein: Manfred Hiltmann und Kurt Knickmeier hoffen, reiche Beute zu machen. Eickhoff stellt sich dem Duo mit einer Schreckschusspistole mutig in den Weg, will sich und seine beiden Mitbewohner verteidigen. Das Todesurteil. Die Eindringlinge töten den 42-jährigen Hans Günter Eickhoff, seine Freundin Annette Scheffler (22) und den 28-jährigen Verwalter Volker Vogelsang eiskalt mit 13 Schüssen.

Nach dem Brand 1989 entsteht das heutige *G-Haus*. Und dort treffen wir unsere liebe Petra Maler.

Alarm in der *Cobra*!

Die frühere Bedienung aus dem *Dixi* betreibt im neuen *G-Haus* seit 1991 das *Cobra* und zapft, Lothars Freundin Conny, Frank, Doris, Jürgen, Katrin und Martina bedienen. Einige von ihnen hat Petra aus Tüddis früherem Lokal mit rübergenommen. Die Musikkneipe mit ihren 40 Plätzen ist im Stil der amerikanischen 60er eingerichtet, ein Stil, den Petra liebt: „Der Blickfang war die rote Motorhaube einer Cobra an der Wand."

Im *Cobra* fühlen sich die Gäste im Ambiente der amerikanischen Sixties wohl.

Wie das Lokal, so die Gäste: Sie kommen gern mal im Petticoat, die Männer mit Haartolle und im Look der 50er-Jahre. Rockabilly hören sie aus der Wurlitzer, die mit Original-Platten bestückt ist, oder von der Band auf der kleinen Bühne. Publikumsliebling ist Andy Stone. Der Sänger mit jugoslawischen Wurzeln tritt im *Cobra* regelmäßig auf.

Leider hat das neue *G-Haus* anfangs keinen besonders guten Ruf. Immer wieder gibt es Gerüchte über Drogen und Kriminalität, sagt Petra. „Das ganze Haus war zwielichtig." Und so verwundert es wenig, dass die Zeitungen 1996 melden: Schießerei im *Cobra* mit Verletzten und einem Erpressungsversuch – es geht wohl um Schutzgeld, mutmaßt man in Bielefeld.

Petra muss das *Cobra* zwei Wochen lang schließen. Als sie wieder öffnen darf, bleibt der Laden leer: „Es kam niemand mehr, die Schießerei hat die Gäste abgeschreckt." Bald darauf schließt Petra für immer ab – das *Cobra* ist Geschichte.

Petra Maler (2. von links) und ihr Team: Mit dem *Cobra* erfüllt sie sich einen Traum.

Schade um die schöne Rock-'n'-Roll-Bar, finden wir und beenden unseren vierten Rundgang hier.

Reinhold Hülsewede begrüßt in seiner Bar *Jonathan* das Hazy-Osterwald-Sextett.

Woher das *G-Haus* seinen Namen hat

Woher das *Gesellschaftshaus* seinen Namen hat und warum es am Klosterplatz steht, bedarf eines Rückblicks bis in die 40er-Jahre.

Die beiden Bielefelder bürgerlichen Gesellschaften, die liberale Eintracht und die konservative Ressource, stehen am Ende des Zweiten Weltkrieges wortwörtlich vor den Trümmern ihrer Existenz. Beide Gesellschaftshäuser, das der Eintracht am Klosterplatz und das der Ressource am Rathaus, liegen in Schutt und Asche. Die bis dahin eigenständig agierenden Gesellschaften beschließen, gemeinsam den Neuanfang zu wagen. Die Ressource verkauft ihr Grundstück am Rathaus an die Stadt und besitzt aus dem Verkauf so viel Geld, dass sie den Bau eines neuen Gesellschaftshauses finanzieren kann. Das Grundstück für den Neubau gibt die Eintracht – ihr Haus der Gesellschaft wurde im Bombenhagel des 30. September 1944 völlig zerstört. Zehn Jahre später wird das neue Gebäude eröffnet und avanciert mit der Bar *Bei Jonathan* von Reinhold Hülsewede und weiteren Lokalen alsbald zu einer erstklassigen gastronomischen Adresse in Bielefeld.

In den 70er-Jahren pachtet Hans Günter Eickhoff das *G-Haus*, das er bis in die 80er-Jahre weiterführt.

Das neue *G-Haus* ab Anfang der 90er-Jahre.

RUNDGANG 5

Von Gretna Green nach Hollywood

Wir stehen in der Mauerstraße und schauen uns um. Es wird eine kurze Runde – hier stehen ja die Kneipen dicht an dicht. Da fällt man sozusagen von einem Ausgang direkt in den nächsten Eingang.

Faste ist „pleite" und das *Sams* wird geboren

Den Anfang macht ein alter Bekannter: Uwe Fastabend, Gründer der heute letzten Altstadt-Disco. „Bis zum heutigen Tage ist es die älteste Disco im Hufeisen", sagt Faste, der damals in den 70ern mehr oder weniger in die Gründung seines legendären *Sams* hineingestolpert ist.

Er gibt 1976 seine Kneipen *Anne und Faste* an der Herforder Straße und *Forums Forum* an der Paulusstraße auf und wird Teilhaber

Das *Sams* in der Mauerstraße – die Altstadt-Disco wirkt von außen unscheinbar. Von Uwe Fastabend (kleines Bild) eröffnet, wird sie ab 1986 von *Badewanne*-Chef Gerd Kühnl betrieben.

Hannes Wagner ist DJ im *Sams*.

Bielefelds Kult-Kellner Jochen, genannt Mütze.

im *Lindenkeller*. Hier bleibt er ein gutes Jahr, „dann bin ich erst mal für einen Sommer nach Ibiza abgehauen. Nach meiner Rückkehr hörte ich, dass Eickhoff den *Alten Simpl* in der Mauerstraße verpachten wollte. Ich sprach ihn darauf an und er sagte: ‚Kannste haben.'"

Weil bei Faste Ebbe im Sparstrumpf ist, bekommt er vom Discofürst als Anschub zwei Flaschen Orangensaft; sein Freund Holzer vom *Peppermint* in der Bahnhofstraße leiht ihm das Wechselgeld. Eine weiße Jacke findet sich noch im Reisegepäck von Ibiza. So beginnt Fastes Zeit im *Alten Simpl*, vorher das *Gretna Green.*

Er benennt den Laden um. Jetzt heißt der *Alte Simpl* plötzlich *Sams*, und tanzen kann man hier auch – Bluesfreund Faste lüftet das Geheimnis um den Namen: „Das *Sams* ist benannt nach Sam Cooke, den ich sehr verehrt habe." – „Und welche Platte hast du als erste aufgelegt?" – „‚Heroes' von David Bowie, die war grade rausgekommen. Ansonsten war Punk angesagt. Es war ja die Zeit der Punkmusik, und das lief bei uns rauf und runter. Selbst Iggy Pop wurde 1980 nach seinem Auftritt im *Sheeta* im *Sams* gesehen."

DJ im *Sams* ist unter anderem Hannes Wagner aus der *Badewanne*. Auch DJ Sammy aus dem *Drive In*, ein früherer Soldat und einer der ersten schwarzen Discjockeys in Bielefeld, steht im *Sams* am Plattenteller.

„Das Problem war die Konzession bis 1 Uhr", sagt Faste. „Bis dahin hatten wir immer wenig Gäste, die Masse kam erst nach 1 Uhr, weil die *Badewanne* pünktlich schloss. Ich habe die alle reingelassen, obwohl schon Sperrstunde war." Was wiederum dem Ordnungsamt sauer aufstößt, das regelmäßig kontrolliert. Doch davon lässt sich Faste nicht abschrecken: „Wir haben einfach weiter aufgemacht trotz Sperrstunde. Das ging eine Weile gut, dann rückte die Polizei an. Die Strafe lag beim ersten Mal bei 100 DM, beim zweiten Mal bei 200 DM und beim dritten Mal bei 400 DM. Das funktionierte nur ein paar Monate."

Ende 1977 gibt Faste nach wenigen Monaten das *Lokal* ab, in den neuen Händen wird das *Sams* rasch der Knaller in der Altstadt und ist bis heute beliebt.

Wir sagen „Bye, bye" und gehen drei Häuser weiter. Aus der offenen Tür wabert grooviger Bebop – „The Sidewinder" von Lee Morgan. Wir betreten die *Blue Rat*, die *Blaue Ratte*.

Rattenscharf: eine Riesen-Torte als Stehtisch!

Jonny Henrich ist in den 80er-Jahren Koch und Kellner im *Café Oktober* bei Uwe Hofmann, die *Blue Rat* eröffnet er 1987. „Es war die erste Kneipe, die Becks-Flaschenbier anbot – ab jetzt gab es die grüne Flasche in Bielefeld", sagt Jonny.

Jonny Henrich eröffnet *The Blue Rat* Ende 1987 in der Mauerstraße.

Jonny Henrich in der *Blauen Ratte*.

Neu ist auch das Betondesign und der Platz für den DJ in einer Kneipe. Jonny: „Viele verschiedene DJs legten in der *Ratte* unterschiedlichste Stilrichtungen auf und genossen es, mal keine Tanzfläche füllen zu müssen."

Jonny erzählt, wie alles begann: „1987 entdeckte ich zufällig die leer stehenden Räume und wusste sofort: Das ist das richtige Lokal, hier kann ich eine Bar eröffnen, wie ich sie in Andalusien gesehen habe. Draußen Sonne, drinnen ein länglicher und schattiger Raum, an der langen Seite eine Theke. Spärlich möbliert mit viel Platz zum Stehen."

Blickfang im hinteren Bereich des Lokals ist „die Torte". Das ist ein Stehtisch, der aussieht wie eine Torte auf einem Stativ – rund, an einer Stelle ist ein Stück rausgeschnitten. „Jonny hat den Tisch einem Künstler abgekauft", sagt Marion Czypull, die hier in den Anfangsjahren als Kellnerin arbeitet. Sie kommt wie Jonny vom *Café Oktober*. Der Künstler war Gerd Becker.

„Jonny hat auch Stühle anfertigen lassen. Das waren merkwürdige Konstruktionen, die sehr schnell umkippten. Aber sie sahen gut aus", erinnert sich Rainer Ingenfeld. Rainer hat vor der Eröffnung eine Menge handgemalter *Blue-Rat*-Visitenkarten unter die Leute gebracht, um die Neugier auf den Laden anzuheizen. Als die *Blue Rat* wächst und in den Bielefelder Kinos Werbung für sich macht, zeichnet er den Comicstrip dazu.

Der kühle Charme der 80er: *The Blue Rat* innen.

Und warum heißt das Lokal nun *Blue Rat*, wie es in blauen Neonbuchstaben über dem Eingang steht? Marion kennt des Rätsels Lösung; „Jonny ist 1960 geboren. Nach dem chinesischen Sternzeichen im Jahr der Ratte."

Ja, es ist schon eine aufregende Ecke hier hinterm Klosterplatz. Und es wäre eine Sünde, achtlos am *Le Bistro* vorbeizugehen, gelegen an der Ecke Mauerstraße/ Notpfortenstraße und vielen als *Onkel Toms Hütte* und *Rockcafé New York* in guter Erinnerung. Hier schauen wir mal rein.

Zum erstenmal in NRW: Wirt klagt gegen Sperrstunde

Von RALF JAKSCH

Münster/Bielefeld – Erstmals klagt vor dem Oberverwaltungsgericht Münster ein Wirt aus NRW, damit er sein Lokal länger öffnen kann!

An jedem Freitag- und Samstagabend: Das „Blue Rat", die Bielefelder Szene-Kneipe von Johannes Henrich (30) ist überfüllt. Doch um ein Uhr muß er seine Gäste vor die Tür setzen – Sperrstunde. Grotesk: Zwei Imbißbuden nebenan dürfen bis drei Uhr Bier verkaufen.

Henrich: „Über mein Lokal hat sich bisher kein Anwohner beschwert." Der Gaststättenverband unterstützt seinen Musterprozeß.

Bielefeld (310 000 Einwohner) ist bei Nacht Provinz: Nur 35 Kneipen und Discos (von 1 000) haben länger auf. Zum Vergleich: In Detmold (66 000 Einwohner) haben 33 Lokale länger auf, in Herford (59 000) 27, in Münster (270 000) 89!

Bielefelds Ordnungsamtschef Karl Lehmkühler (56): „Für mehr Kneipen ist nachts kein Bedarf." Der Geschäftsführer des Gaststättenverbandes, Thomas Keitel (36): „Dann muß der Mann mal nachts durch die Stadt gehen . . ."

Wirt Johannes Henrich (30) klagt vor dem Oberverwaltungsgericht in Münster, damit er seine Kneipe länger öffnen kann. Foto: JO GOERTZ

Jonny klagte als erster Wirt in NRW gegen frühe Schließzeiten.

Michaels Kneipen-ABC: Asbach, Bier, Cognac

Ältere Bielefelder kennen es noch aus den 60er- und frühen 70er-Jahren als *Onkel Toms Hütte* von Herta Kaldewei, ein „kleines, beliebtes Lokal, in dem auch meine Mutter eine Zeit lang gearbeitet hat", erinnert Wolfgang Zastrozny an Anneliese Bolten.

„*Onkel Toms Hütte* war eine ganz normale Kneipe, in die wir als Schüler gern gingen", sagt Hans-Ulrich Schmidt. Er besucht Ende der 60er das Rats; die typischen Schülerkneipen finden er und einige seiner Freunde nervig: „Es gehörte zum guten Ton, in den *Lindenkeller* oder in den *Wall* zu gehen, aber einige von uns distanzierten sich davon."

Mitte der 70er-Jahre übernimmt Michael Grahl das Lokal und nennt es *Le Bistro*. Es gehört, wie viele Läden im Umkreis, Hans Günter Eickhoff. Schräg gegenüber ist die *Kleine Kneipe* von Anne und Rolf Jüngling, an der Ecke Notpfortenstraße/Alfred-Bozi-Straße liegt der *Hahnenteller*, dort gegenüber die *Orangerie* von Franco Cazeffo.

„Mein *Le Bistro* war eingerichtet wie das *Le Bistro* in der Düsseldorfer Altstadt", erzählt Michael. Er ist Zapfer an der großen, um die Kurve laufenden Theke, Otto Bohl, der später in *Biermanns Weinstuben*, im *G-Haus* und im *Pappelkrug* arbeitet, kellnert gemeinsam mit Hardy Schneider.

Auch Hugo Sollers, den einige aus dem *Passpartout* kennen, ist im *Bistro*. „Hugo war Asbach-Fan. Er trank davon jeden Tag drei Liter", sagt Kneipen-Urgestein Jochen Hartmann augenzwinkernd.

Michael Grahl hat in den 70er-Jahren das *Le Bistro*.

Klaus Holzberg steht Mitte der 80er im *Le Bistro* an der Theke.

„Im Ausschank waren Hohenfelder – damals ein populäres Bier in Bielefeld – und Schlösser Alt", erzählt Michael. Er hat schon als Schüler hier jeden Tag gearbeitet: „Vormittags Schule, nachmittags lernte ich ein neues ABC: Asbach, Bier, Cognac."

Wie in vielen Gaststätten schaut auch im *Le Bistro* bei Alkohol niemand so genau hin. Co-Ko schmeckt schon nach der Schule, die Mädchen mögen eher Alt Schuss. Michael Grahl weiß noch die Preise: „0,2 Liter Bier kosteten 1,10 DM, Alt 1 DM."

Gern besuchen die Schüler vom Max-Planck-Gymnasium, von der Gertrud-Bäumer-Realschule, dem Rats und dem Bavink, wie das

Gymnasium am Waldhof zu der Zeit heißt, Michaels *Bistro*: „Hier waren die Jugendlichen unter sich, das war der Reiz. Um 11 Uhr war der Laden meist schon voll." In den Schulferien öffnet *Le Bistro* bereits um 10 Uhr: „Einmal hatte ich das vergessen, kam eine halbe Stunde zu spät, da stand die Schlange bis zum *Hahnenteller*."

Apropos *Hahnenteller*. Es muss wohl an der Location liegen, dass die Bude immer voll ist. So, wie heute *Hahnenteller*-Nach-Nach-Nachfolger *Berlin Kebap* gut besucht ist, ist es vor 40 Jahren auch schon beim Hähnchenbrater. Nicht nur tagsüber, auch nachts, weiß Olly: „Da gingen sie immer rein zum Vorglühen, das Bier war billiger als in der Disco. Und wenn einer in der Disco Hunger hatte, ging er kurz rüber."

Bernd Seifert (links) betreibt sieben Jahre lang das *New York*.

In den Räumen des beliebten *Hahnentellers* ist heute *Berlin Kebap*.

In den 80er-Jahren wird aus dem *Bistro* das *Rockcafé New York* von Bernd Seifert, in den 90ern das *Spaghettihaus*. Bernd übernimmt das Lokal von Klaus Holzberg, macht eine Musikkneipe daraus. „Hier spielten viele Bands aus der Region – die Bluesböcke aus Bielefeld, Skandal aus Detmold und, und, und ...", erzählt Bernd. „Das waren heiße Zeiten. Das *New York* war ja auch Rockertreff. Hells Angels aus Hamburg, welche vom Club 20 – alles lief hier rum."

Bernd Seifert an der Theke im *New York*, darüber ein Käfig mit lebenden Hühnern, die er als Pfand für nicht bezahlte Rechnungen nimmt: „In den besten Tagen waren hier zwölf weiße Hennen und ein Hahn drin." Ob die wohl später beim *Hahnenteller* nebenan gelandet sind?

Das *Peking* an der Ritterstraße, eines der ersten Chinalokale in Bielefeld. Links das Giesow-Haus, heute ist hier die Klosterpassage.

Dass es da nicht wie im Kloster zugeht, kann Bernd nur bestätigen: „Manchmal kriegten die sich in die Köppe, das war nicht angenehm. Einmal fuhren Rocker mit einem Leichenwagen vor, da kam ein halbes Dutzend Leute raus mit abgeschnittenen Ledermänteln, aus denen die abgesägten Schrotflinten schauten."

Abgesägte Schrotflinten – das ist das Stichwort! Wir verabschieden uns von Bernd und gehen um die Ecke, vorbei am *Peking* und an Klaus Kammlers Bar *Bei Klaus* Richtung Klosterplatz. Bei *Biermanns Weinstuben* steht schon Ellen Rodriguez in der Tür. Sie kann es kaum erwarten, uns eine Geschichte zu erzählen. Und die hat auch mit einem Schießprügel zu tun ...

Biermanns Weinstuben am Klosterplatz, rechts daneben Klaus Kammlers Musikpub *Bei Klaus* in der Goldstraße. Schon damals stand der Mirabellenbaum.

Das gute Restaurant: *Biermanns Weinstuben*

Biermanns Weinstuben – heute ist hinter historischen Mauern das schöne *Brauhaus Johann Albrecht* mit leckeren selbst gebrauten Bier-Spezialitäten – haben seit den 50er-Jahren den Ruf, ein gutes Speiserestaurant für den Familienbesuch zu sein. Auch dieses Lokal gehört Büben Eickhoff, vor Elli ist Klaus Holzberg Pächter.

In *Biermanns Weinstuben* arbeitet Ellen viele Jahre: „Unsere Köchin war Sabianca, sie kam aus Jugoslawien. Sie hat die besten Nudelgerichte, die beste Pizza und die beste Lasagne gemacht. So etwas habe ich nie wieder erlebt – unvergessen!"

Biermanns Wein- u. Bierhaus steht auf dem dicken Fass über dem Eingang des Lokals.

Ellen Rodriguez, in Insiderkreisen Miss Elli genannt, ist in den 80er-Jahren Wirtin in *Biermanns Weinstuben*.

Auch Hans Hackenberg ist einige Zeit Koch im Haus mit der leuchtend roten Fassade. Eine Anekdote über ihn kursiert bis heute: Er soll mal von betrunkenen Gästen beleidigt worden sein, danach bestellten sie ein Schnitzel. Hans hat der Legende nach einen Aufnehmer zerschnitten, paniert und als Schnitzel rausgegeben. Wie das bei den Gästen ankam, ist nicht überliefert.

Ellen erzählt uns die Geschichte von der kleinen Schießerei, die glücklicherweise glimpflich ausgegangen ist: „Mein Mann kam mal mit einem Revolver, den er von irgendjemandem bekommen hatte, ins Lokal. Ich nahm das Ding und zielte aus Spaß in Richtung Wand, in der Annahme, dass es eine Schreckschusspistole sei. Was niemand wusste: Das Ding war echt und geladen. Zum Glück traf ich nur die Wand. Das Loch haben wir zugekittet, die Stelle ist aber bis heute gut erkennbar im *Brauhaus Johann Albrecht*."

Puh, ein gefährlicher Ort. Wir ziehen weiter, werfen einen Blick rechts in die Nachbarschaft, wo Hajü aus Herford seinen Klamottenladen betreibt, und zu Walter Simon, der in seiner Werkstatt über dem *Zazoo* für das Viertel kleinere Reparaturen erledigt. Auch für *Biermanns Weinstuben* wird der Allroundhandwerker immer wieder tätig – aber nur gegen Anzahlung! Ellen: „Wenn wir ihn brauchten, riefen wir hoch: ‚Walter!' Dann kam ein Korb am Seil runter, in den wir 20 DM Anzahlung legen mussten. Das machte er mit jedem so. Wer nicht mitspielte, der wurde gar nicht weiter beachtet."

Auf der anderen Seite Richtung Klosterplatz treffen wir auf Lothar Remke von der *Galerie*. Sein *Meddos* Am Bach und die *Galerie* sind die ersten Lokale in Bielefeld, in denen Musikvideos gezeigt werden.

Von den Charts der 80er machen wir einen Zeitsprung 60 Jahre zurück zu den Stars der Stummfilmzeit und landen wenige Meter weiter im *Laurel & Hardy* – eine überdimensionierte Kneipe aus der Sparte „Erlebnisgastronomie".

Das *Laurel & Hardy* – alles, nur nicht schwarz/weiß

Barbara und Herbert Winter eröffnen das Lokal Anfang 1982 gegenüber dem Parkhaus Ritterstraße – und bekommen sogleich Ärger für einen Werbegag. Filmszenen an der Wand sind dem früheren Wirtspaar vom *Kauz* am Jahnplatz offenbar nicht originell genug. In Lebensgröße grüßen darum Stan Laurel und Oliver Hardy als Figuren vom Dach des alten Moster-Lampenpavillons – Bielefeld hat seinen Aufreger. Leider haben die Winters keine Genehmigung vom Bauamt. Denn das legt die Stummfilmhelden sehr bald endgültig still. Heute stehen sie im Safaripark in Stukenbrock.

Michael Grahl mit Curley Beckett (links) im *Laurel & Hardy*. Curley („Mr. Jim Beam") ist Stammgast in den Bielefelder Szenekneipen.

Kurze Zeit nach der Eröffnung übernimmt Michael Grahl, dem wir eben schon im *Le Bistro* und im *Datscha* begegnet sind, das *Laurel & Hardy*. „Herbert Winter stand schon länger ständig vor meiner Theke im *Datscha* und ließ nicht locker. Er wollte mich abwerben", sagt Michael.

Schlussendlich willigt er ein und wechselt mit der gesamten Mannschaft ins *Laurel & Hardy*. Herzstück hier ist die riesige runde Theke, wie sie zu dieser Zeit in jeder Kneipe, die schick sein will, angesagt ist. Zwar ist das Publikum jünger als im *Datscha* und im *Dixi*, doch ansonsten ist das *Laurel & Hardy* unverkennbar eine Kopie von Bielefelds angesagten Läden: „Auch die *Kwetsche* in Brackwede sah so aus", weiß Michael.

Große Sorgen bereiten dem Kneiper die englischen Soldaten: „Nüchtern waren die völlig in Ordnung, aber nach acht Bier ließen sie die Sau raus." Wie viele Kneipen in den 80ern muss auch das *Laurel & Hardy* Türsteher einsetzen, um die Gäste zu sortieren. „Die Soldaten waren das eine. Das Schlimmste an der Tür aber waren die kleinen Mädchen, die uns pausenlos beschimpft haben, weil sie besoffen nicht reinkamen", sagt ein früherer Türsteher.

Drei Modeschnäpse führen drinnen das Regiment: Die Gäste teilen sich auf in eine Fernet-Branca- und in eine Jägermeister-Fraktion. Michael: „Einer mochte den Schnaps vom anderen nicht." Einig ist man sich hingegen beim französischen Anisschnaps: In den 70er und 80er-Jahren ist Pernod *das* Modegetränk – ein Mini-Pernod besteht aus 1/3 Pernod und 2/3 Cola.

Doch bald ist die Lauft raus, das *Laurel & Hardy* schwächelt. Michael: „*Laurel & Hardy* war ein Modeding, nach einigen Jahren bauten wir um – mit viel Glas und Spiegel an den Pfeilern und an der Wand." Geholfen hat es nicht, es geht zu Ende. Michael Grahl wechselt zum *Big Ben*, der angesagten Disco, der aber auch allmählich der Wind rauer um die Ohren weht.

Ende 1989 ist es vorbei mit dem Gebäudekomplex zwischen Ritter- und Goldstraße, in dem *Bei Klaus, Laurel & Hardy*, das *Circus, Circus* und später das *Zazoo* sowie die gerade mal 20 Quadratmeter große Diskothek *ZK* – das frühere *Drops* – im mittelalterlichen Gewölbekeller untergebracht waren. Am 11. Oktober in der Mittagszeit trifft es zunächst den Musik-Pub, in den Tagen danach das Giesow-Haus, bis dahin ein beliebter Disco-Treffpunkt. Plötzlich klafft eine Baulücke, wo sich eben noch halb Bielefeld amüsiert hat. Wenig später entsteht hier die Klosterpassage.

◇◇◇◇◇◇◇◇◇◇◇◇◇◇◇◇◇◇◇◇◇◇◇◇◇◇◇◇◇◇◇◇◇◇◇◇

„Olly, lass uns aufhören für heute." – „Knurr." – „Hör mal auf zu knurren. Unser nächster Spaziergang wird in Teilen ein richtiger Sixties-Walk, ganz nach deinem Geschmack." – „Na, das ist doch mal 'ne Ansage. Dann bis morgen." – „Bis morgen."

◇◇◇◇◇◇◇◇◇◇◇◇◇◇◇◇◇◇◇◇◇◇◇◇◇◇◇◇◇◇◇◇◇◇◇◇

Rundgang 6

Kreta, Krähe, Bärenklause

An der Klosterpassage ist der Ausgangspunkt unseres letzten Spaziergangs. Wir gehen zur Hagenbruchstraße. Und hier steht als erstes die *Mick-Mack-Gasse* auf dem Plan.

Gute Stimmung auf zwei Etagen

Eigentlich ist die *Mick-Mack-Gasse* gar keine Kneipe – vielmehr ist der Laden von Otto Burkard eine ganze Kneipenstraße in rustikalem Ambiente mit Theke an Theke, Bierbrunnen und Asbach-Kurve.

Der Bierbrunnen ist eine Attraktion in der *Mick-Mack-Gasse*, und auch die Asbach-Kurve finden alle klasse.

Das *Make Up* folgt der *Mick-Mack-Gasse.*

Wer reinwill, muss sich gut mit Türsteher Helmut Potenko vertragen. „Helmut kennt kaum einer beim richtigen Namen, alle nannten ihn nur ‚das Bein'", weiß ein Gast von damals. Weil er immer Beinbeschwerden hat, ist Helmut Bielefelds einziger Türsteher, der einen Hocker hat. Helmuts liebster Spruch: „Das waren noch Zeiten! Da wurde Peter noch mit ö geschrieben."

Roy und Klaus haben viele Ideen, um ihr Publikum zu unterhalten. Soulstars geben sich hier die Klinke in die Hand: Sam & Dave, Otis Redding, Percy Sledge und Frank Farians Boney M. singen in der *Mick-Mack-Gasse* ihre großen Hits. „Das war wahrlich ein Auftritt zum Anfassen. Bobby Farrell tanzte direkt vor der Nase des Publikums. Aber in Wirklichkeit waren alle heiß auf Liz Mitchell", sagt Bernd, ein früherer Gast.

Der *Mick-Mack-Gasse* folgt in den 80ern das *Make Up* – ein Lifestyle-Laden mit Strandkorb und viel Sand auf der Tanzfläche, den unter anderem Gundula und Richard Cichon führen. 1989 schließlich zieht Piet Rosendahl hier was ganz Neues auf: das *Noodles*.

Vor der *Mick-Mack-Gasse* ist in den Räumen das *Christopher of Bremen*, bekannt durch das große Schiff in seinem Innern. Alte Bielefelder kennen das *Christopher of Bremen* noch unter dem Vorgängernamen *Oberbayern*. In dem Lokal hängt ein riesiges Gemälde über der Theke, das eine typische bayerische Folklorelandschaft mit Bergen und Kühen zeigt – im Schatten des dominanten Ölschinkens gibt es jeden Tag Tanz, bayerische Musik und gute Laune.

International geht es im Eckhaus auf der anderen Straßenseite zu, das wir jetzt auf einen Sprung besuchen.

Wo Klaus sich Karl nennt

Gegenüber steht in den 80ern der *Semmelkrug*. Das stets gut besuchte Lokal ist in Bielefeld bekannt durch seine leckere Erbsensuppe. Nicht nur, aber vor allem deshalb ist es ein beliebter Treffpunkt der zahlreichen Kneipengänger und Skat-Spieler aus der City.

Klaus Schaffner betreibt zuvor in den Räumen ab 1966 Speiserestaurant, Bar und Café und nennt das Ganze *Auberge chez Charles*. Neben französischen Spezialitäten stehen serbische Gerichte auf der Karte, die von einer serbischen Köchin zubereitet werden. Nach dem Essen gehen die Gäste gern in die als Pferdestall ausstaffierte Bar oder in den Keller: Hier hat der Mini-Car-Rennclub mit seiner Carrera-Rennbahn sein Domizil, der auf einer 15-Meter-Piste spannende Rennen austrägt. In den 90ern betreibt Salvatore Cinquepalmi hier sein *Il Gambero*.

Eine wirklich bewegte Ecke. Wir verlassen das gastliche Haus und sind wenige Meter weiter in der Goldstraße am nächsten Ziel.

Beliebt in Bielefeld: *Auberge chez Charles*, später *Semmelkrug* und *Il Gambero*.

Tanzen mit Niveau – im Hinterhof

Gleich um die Ecke hinter Kaffee-König geht's hinein in die Hofeinfahrt, und hier liegt, ein wenig abseits, das *Blow Up*. Bob Engelbrecht betreibt von 1969 bis 1974 die Disco an der Goldstraße: „Bello Volmert und Erika Kreuzer haben gezapft", erzählt uns Bob. DJ ist Auwa, der uns vorhin bereits im *G-Haus* begegnet ist. Auch Klaus Zöllitz und Hannes Potenko stehen hier einige Zeit am Plattenteller. Beim Wort *G-Haus* hat Bob gleich Sorgenfalten im Gesicht: „Unser größtes Problem damals war die große Konkurrenz zum *G-Haus* von Eickhoff."

1974 übernimmt Willi Dreismann die Disco und baut um: Nun heißt sie *Village* und erklärt sich zur „Diskothek mit Niveau", zum „Treffpunkt nur für nette Leute", wie der Werbeprospekt verheißt: „Ein Disco-Club, in dem Sie an der Tür schon freundlich empfangen werden." Wow!

Das *Village* in einem Werbeprospekt aus den 70er-Jahren.

Genauso freundlich werden wir auch verabschiedet und freuen uns schon auf unsere nächsten Gastgeber. Denn das sind zwei wirklich besondere Wirtsleute in der Bielefelder Gastro-Landschaft.

Modenschau mit Lösekann im *Kreta*

Gleich neben der „Diskothek mit Niveau" eröffnen Susanne und Vassilios Christodoulou 1984 ihr *Kreta*. Das Restaurant im früheren *Linneweber* von Rainer Jäschke gibt es bis heute – Susanne und Vassilios sind die dienstältesten Wirtsleute in der Altstadt! „Kein Gastwirt in der Innenstadt führt länger ein Restaurant als Vassili", sagt Werner Jöstingmeyer, *Kreta*-Gast der ersten Stunde.

Das *Kreta* ist ein ausgesprochener Familienbetrieb und Treffpunkt aller Fußballer der Stadt. Hier kellnert Vassilios älterer Bruder Spiros in den ersten Jahren; bald eröffnet er mit seiner Frau Paganiota das *Pallas Athene* an der Arndtstraße.

Das *Kreta* gehört zu den Lieblingslokalen von Rolf Senftleben, in den 80er-Jahren in Kennerkreisen der „Rote Baron" genannt (s. S. 10). Stefan Rinne könnte Bücher über ihn schreiben, ließe man ihn. Kleine Kostprobe gefällig?

Vassili, hier 1981 mit 27 Jahren an der Theke im *Syrtaki*, eröffnet 1984 das *Kreta* an der Goldstraße. Elias, Sohn von *Syrtaki*-Wirt Ioannis, schaut ihm bei der Arbeit zu.

Bis 1984 betreibt Rainer Jäschke den *Linneweber* an der Goldstraße. Noch heute erinnert der Name *Kreta im Linneweber* daran.

„Rolli Senftleben saß kurz vor seiner Abreise in den Ibiza-Urlaub vor dem *Kreta*, nuckelte an seinem Drink und sagte in die Runde: ‚Gleich kommt Lösekann und bringt mir die Sommerkollektion.' Alles lacht, doch der Angestellte von Lösekann kommt tatsächlich

Arminia-Legende Keite Giersch (rechts) überreicht RTL-Reporter Uli Klose einen goldenen Ball für dreimaliges Fußballhochhalten. Es staunen: *Kreta*-Stammgast Thomas Freist (2. von links) und Wirt Vassilios (links).

und führt auf offener Straße die aktuelle Bademode vor. Nach langem Zögern kauft der Baron schließlich unter dem Gelächter der Anwesenden eine knallbunte enge Badehose." Wie er den Kauf kommentiert, hat uns Stefan auch erzählt. Wir wollen aber jugendfrei bleiben und erzählen es deshalb nicht weiter.

Es ist Zeit, Abschied zu nehmen. Vassilios serviert einen Ouzo zum Abschied und wir verlassen das *Kreta* – um wenige Meter weiter in der Nachbarschaft einzukehren. Hier wartet schon Rolf Gieselmann in seinem *Alt Bielefeld*.

Echt westfälisch – im *Alt Bielefeld*

Mitte der 90er übernimmt Rolf gemeinsam mit Yves Vrignaud die Gaststätte, die früher *Remkes Bierstuben* hieß. Yves wird bald von Detlef Burkhardt abgelöst, den vor allem die Brackweder aus dem *Pendel* kennen.

Im *Alt Bielefeld* ist es, als wäre die Zeit stehen geblieben. Das zweiteilige Lokal mit Kneipe zur Goldstraße und Speiserestaurant zur Obernstraße pflegt seinen traditionellen Stil, den es heute in der Altstadt nur noch hier gibt. Langjährige Stammgäste, schwere Holzmöbel, ehrliche Getränke, gute westfälische Küche, serviert in deftigen Portionen: Bei Rolf hat modischer Firlefanz nicht den Hauch einer Chance.

Im *Alt Bielefeld* zuhause: Rolf Gieselmann, Nicole Fröhling, Jochen Hartmann (von links).

Auch im *Alt Bielefeld* kehrt der Rote Baron gern ein: Wirtin Wilma Reklat bringt drei Bier für Rolf Senftleben, die Schweizer Heilsarmee-Kapitänin Rosmarie Stramm und Heils-Soldatin Ursula Nolte.

Nicola Schmidtmeier arbeitet seit mehr als 20 Jahren im *Alt Bielefeld*. „Seit jeher kommen zu uns Gäste, die sich untereinander kennen und sich gern an früher erinnern, auch junge Leute, die mal ein richtiges Schnitzel oder eine Roulade essen wollen, wie wir sie aus Mutters Küche kennen."

„In der Kneipe erlebst du alles und in der Kneipe bist du auch alles: Streitschlichter, Seelentröster, Arzt", sagt Nicola und blickt zurück auf ein ereignisreiches Kellnerinnenleben: Einen Gast mit Herzinfarkt hat sie nach einigen Monaten wieder quietschfidel begrüßt, ein anderer überlebte einen Fenstersturz im *Alt Bielefeld*.

Der frühere Apotheker am Alten Markt, Jürgen Blume, erinnert sich noch gut an *Remkes Bierstuben*: „Gymnasiasten gingen hier gern nach der Schule hin." Manch einer wohl zu oft, die Auslese im Gymnasium bringt es an den Tag. Jürgen Blume: „50 waren es in der Sexta – 17 beim Abitur."

Im gutbürgerlichen Lokal *Remkes Bierstuben* trafen sich einst die Inhaber und Mitarbeiter der umliegenden Boutiquen und Einzelhandelsgeschäfte mittags und abends zum typisch deutschen Essen. Die Wände zierten damals schon Altstadt-Fotos und Ölgemälde der Kunstschule Bielefeld.

Nicola, in einem Wettbewerb vor einigen Jahren zu „Bielefelds bester Bedienung" gekürt, findet, dass die Gäste heute zurückhaltender sind: „Früher waren die Partys ausgelassener, da brannte der Saal", sagt sie und denkt zurück an die Zeit der Schlagerpartys: „Da war das *Alt Bielefeld* eine echte Ballerbude. Die Jungs sangen lauthals die Schlager mit, hinten lief das ordentliche Restaurant weiter. Bis nachts halb drei war volle Pulle Schlagerparty.“

Mit den Ballermann-Hits der 90er im Ohr verlassen wir das *Alt Bielefeld*. Unser Weg führt uns in die Neustädter Straße und 40 Jahre zurück: in das *Big Ben*.

Londons Wahrzeichen im Altstädter Sub-level

„Sag mal, Olly, Ballerbude, hatten wir das nicht schon mal?“ – „Das war im *Lindenkeller* bei Biggi. Die hat ihren Laden auch Ballerbude genannt, ebenfalls zur Schlager-Renaissance in den 90ern. Sogar die Taxifahrer wussten, wo die Ballerbude war.“ Wenn die mal nicht bei Rolf Gieselmann im *Alt-Bielefeld* gelandet sind ...

Heiter vor uns hin sinnierend erreichen wir das *Big Ben* unter dem heutigen Bang-&-Olufsen-Geschäft. Die kleine Kellerdisco fasst kaum

Nobel im Souterrain: *Big Ben* an der Neustädter Straße; Bild rechts: Chefin Anne Westermann.

Das Personal im *Big Ben* 1981. Vorn Mitte Anne Westermann, ganz hinten Mitte Chef Jochen Westermann.

200 Besucher; Anne und Jochen Westermann und die Herfurths sind zu der Zeit Hausherren, Jerry legt die Charts der 70er-Jahre auf.

„Mittwochs war Damenwahl im *Big Ben*", erinnert sich Petra Maler. Sie bedient gemeinsam mit Antonita, Biggy und Babsi, doch auch ohne Mottoabende kommt das *Big Ben* gut über die Runden. Er ist eines von wenigen Lokalen in Bielefeld, das gut läuft, obwohl es treppab liegt. Türsteher im *Big Ben* ist eine Zeit lang Hans-Hermann Erwin. „Er hatte gerade zwei Quadratmeter für seine Gefechte, vor allem mit britischen Soldaten", sagt Peter Fortmann: „Hans-Hermann erzählte mal, dass morgens immer wieder die Zähne zusammengekehrt wurden."

1985 wird aus dem *Big Ben* das *Subito* – die gemütliche Altstadt-Disco ist unter neuem Namen Treffpunkt der Bussi-Szene. Jetzt kommen die Gäste gern in Schlips und Kragen, trinken teuren Sekt und lassen sich von Achim und Stefan Soul und Funk servieren.

Bielefelds schönste Bedienung: Antonita.

„Das *Subito* war Bielefelds Mumm-Laden", sagt Osman Pasic. Doch neben der Edel-Brause haben die Gäste ein weiteres Lieblingsgetränk. „Einige Zeit war Tequila-Plopp total angesagt", weiß Ossi Pasic: „Tequila wurde mit Ginger Ale gemischt, da kam ein Deckel drauf und dann wurde das Glas auf der Theke geklopft, bis es aufschäumte."

Aus dem *Big Ben* wird das *Subito* – Bielefelds angesagte Schicki-Micki-Disco

Soul, Funk, Disco: An der Neustädter Straße trifft sich die Bussi-Szene.

Bevor die Tequila-Sause in einer riesigen Sauerei endet, verabschieden wir uns vorsichtshalber. Auf dem Plan steht noch die *Krähe*, vorletzte Station unserer Bielefelder Kneipen-Kult-Tour. Hier müssen wir weit zurückblicken bis in das Jahr 1966.

Bist du verrückt? Das ist Jimi Hendrix!

In dem Jahr eröffnet Rüdiger Herfurth an der Obernstraße das *Old Crow*, ein Tanzlokal, das mit den DJs Lothar Buttkus und Helmut Rond im beschaulichen Bielefeld richtig einschlägt. Vorher war hier das Weinlokal *Rebstock* drin.

„Jeden Montag war Hitparade mit Verlosung", erzählt Tüddi. Mit Kleinigkeiten gibt sich der frühere DJ in der *Eisenhütte* nicht ab, er spendiert nur Hauptpreise: „Mal waren es 100 Koteletts, mal war es ein Schwein oder ein Pferd." Weil Reiten nicht jedermanns Sache ist und immer mehr junge Leute einen Führerschein haben, folgt Tüddi dem Trend und verlost auch mal einen Gebrauchtwagen. Später übernimmt er diese Idee für das *Dixi*.

Dieter Mick Perl ist gerne Gast im *Old Crow*. Er erzählt: „Eines Abends fragte ein Gast DJ Lothar, ob er die Lottozahlen wüsste? Lothar erfragte irgendwoher die richtigen Zahlen vom Wochenende. Man verglich die Zahlen, 6 mit Zusatzzahl hatte der Lottoschein des Gastes. Er gab eine Lokalrunde nach der anderen. Die Summe auf dem Deckel lag bei etwa 8000 Mark. Als Pfand für seinen Deckel hatte er den Lottozettel dagelassen, doch der war gefälscht und der Gast wurde nie wieder gesehen."

Immer gut besucht: das *Old Crow*, links daneben: die Weinhandlung Ellermann.

Wer ist die Schönste? Lothar verkündet die Miss Bielefeld im *Old Crow*.

Ein weiterer DJ neben Lothar ist Helmut „Löwe" Rond aus Hamm, später auch der Korse Rio de Luca. Und weil Löwe Rond nicht immer nur Schallplatten auflegen, sondern auch mal selbst singen will, bringt er eine eigene Single heraus. Naja. Zugegebenermaßen singt er nicht alle Passagen. Aber manche. Ein bisschen. Der Originaltitel vom King of Skiffle Lonnie Donegan heißt: „Does Your Chewing Gum Lose Its Flavour (on the Bedpost Over Night?)". Löwe macht daraus: „Ja, mein Weib, das zieht so gern schwarze Unterwäsche an."

Tüddi bevorzugt melodiöse Tanzmusik und gutsituierte Gäste. Damit hatte er in der *Eisenhütte* Erfolg, der sich im *Old Crow* fortsetzt. Vielleicht ein Grund, warum ihm manche Stars fremd bleiben?

DISCOTHEK

OLD CROW

Altstadt - Bielefeld
Obernstraße 4

Täglich geöffnet von 19.00 — 1.00 Uhr
Freitag und Samstag bis 3.00 Uhr

Jeden Montag die überall bekannte Hitparade
mit originellen Preisen

Für Stimmung und Unterhaltung sorgt

Stardiscjockey Lothar

OLD CROW

Bielefeld's Treffpunkt für junge Leute
Oft kopiert — nie erreicht — Eintritt frei

Im *Old Crow* hat Lothar in den 60er-Jahren eigene Autogrammkarten.

Noch heute zerknirscht erzählt Tüddi die Anekdote, wie er 1967 Jimi Hendrix nicht in sein *Old Crow* lassen wollte. „Er spielte mit seiner Band im *Jaguar-Club* in Herford und wollte nach dem Auftritt bei uns was trinken. Im *Old Crow* trug man damals Krawatte oder hatte zumindest ein sauberes Hemd an. Jimi kam da völlig abgerissen an mit verschwitztem Hemd und Lederhose. Ich hab ihn nicht erkannt und so nicht reingelassen. Bis mich ein Mitarbeiter zur Seite nahm und sagte: ‚Mensch Tüddi, bist du verrückt? Das ist Jimi Hendrix!' Da war klar, dass ich in diesem Fall eine Ausnahme von der Kleiderordnung machen musste."

Und auch für den vorerst letzten Besuch unserer Bielefelder „Lokal-Geschichte(n)" bleiben wir in den 60er-Jahren. Ex-Armine Harry Garstecki steht nach seiner Fußballerlaufbahn am Zapfhahn in der *Bärenklause* – eine kleine Kneipe am Gehrenberg.

Modenschau im *Old Crow:* Hast du Schlag in den Hosen, hast du auch Schlag bei den Frauen – sagte man damals.

Schorse Winter hinter der Theke in der *Krähe* (1972).

Bei Harry brennt noch Licht

„Damals war es üblich, dass man als Fußballer eine Gaststätte oder eine Tankstelle bekam", sagte der ehemalige Stürmer mal im Gespräch mit dem „Bielefelder". Und hinter der Theke ist er mindestens so fleißig wie auf dem Rasen: Harry Garstecki ist bekannt dafür, es mit der Sperrstunde nicht so genau zu nehmen – sein Lokal ist von morgens 10 Uhr bis mindestens 3 Uhr nachts geöffnet.

In den 80er-Jahren übernimmt Manfred Siebrasse die *Bärenklause* von seinem Vater Willy Siebrasse. Er baut das Lokal zum Altstadt-Pub mit Flipper um, neben dem Merkur-Brunnen betreibt er auf dem Weihnachtsmarkt einen Stand mit Kassler-Brötchen. Kellnerin in Manfreds *Bärenklause* ist Iris Güse.

„Bei Manfred gab es den schönsten Sonntags-Frühschoppen in Bielefeld", sagt Gast Turbo Meyer.

Hmmm ... ist das nicht ein gutes Schlusswort? Darauf stoßen wir mit einem Schlürschluck an und verabschieden uns. Fürs Erste.

Sie sind immer noch für ihre Gäste da!

Rund vier Dutzend Kneipen und Clubs öffnen für unser Buch ihre Türen auf unserem Altstadt-Rundgang durch die Jahrzehnte. Einige von ihnen gab es lange, einige hatten eine kürzere Lebensdauer. Manche sind ganz von der Bildfläche verschwunden, manche arbeiten unter neuem Namen und anderen Pächtern weiter.

Fünf unserer besuchten Lokale jedoch sind bis heute immer noch mit großem Erfolg für ihre Gäste da, teilweise in jahrzehntelanger Originalbesetzung: das *Extra* (unten links), geführt vom Extra-Blues e. V., das *Alte Gässchen* (oben rechts), Inhaber Leo Preuß, das *Sams* (2. Bild rechts) von Serkan Besiroglu, das *Kreta* (3. Bild rechts), seit 1984 in der Hand der Eheleute Christodoulou, die damit dienstältestes Wirtspaar in der Altstadt sind, und *Alt Bielefeld* (rechts unten) von der A.B.G. Gastronomie Verw. GmbH – schöne Traditionslokale, in denen die Gäste noch ein wenig das Flair von damals spüren können.

Weitere Bücher über Ihre Stadt

Aufgewachsen in Bielefeld in den 60er und 70er Jahren
Sebastian Sigler
64 Seiten, zahlr. Farbfotos
ISBN 978-3-8313-1864-3

Dunkle Geschichten aus Bielefeld Schön & schaurig
Hans-Jörg Kühne
80 Seiten, S/W-Fotos
ISBN 978-3-8313-2217-6

Bielefeld Farbbildband
deutsch / english / français
Hans-Jörg Kühne, Sarah Jonek
72 Seiten, zahlr. Farbfotos
ISBN 978-3-8313-3127-7

Bielefeld – einfach Spitze! 100 Gründe, stolz auf diese Stadt zu sein
Matthias Rickling
104 Seiten, zahlreiche Farbfotos
ISBN 978-3-8313-2914-4

Bielefeld – Gestern und Heute Gegenüberstellungen zeigen den Wandel
Thomas Güntter, Doreen Koschnick, Hans-Jörg Kühne
64 Seiten, zahlr. S/W- und Farbfotos
ISBN 978-3-8313-1714-1

Spaziergang durch das alte Bielefeld Historische Farbdias aus den 30er und 40er Jahren
Claudia Quiring
80 Seiten, zahlr. Farbfotos
ISBN 978-3-8313-2108-7